FORSCHUNGSBERICHTE DES LANDES NORDRHEIN-WESTFALEN

Nr. 2332

Herausgegeben im Auftrage des Ministerpräsidenten Heinz Kühn
vom Minister für Wissenschaft und Forschung Johannes Rau

Werner Liedschulte
Günter Zink

Finanzwissenschaftliches Forschungsinstitut
an der Universität zu Köln
Direktoren:
Prof. Dr. K.H. Hansmeyer
Prof. Dr. Dres. h.c. G. Schmölders

Die Erfassung von Wertzuwächsen im Rahmen der Einkommens- und Ertragsbesteuerung

Westdeutscher Verlag Opladen 1973

ISBN-13: 978-3-531-02332-8 e-ISBN-13: 978-3-322-88213-4
DOI: 10.1007/978-3-322-88213-4

Gesamtherstellung: Westdeutscher Verlag

Inhalt

Verzeichnis der Abkürzungen

Abs.	Absatz
Abschn.	Abschnitt
AfA	Absetzung für Abnutzung
AO	Reichsabgabenordnung
Art.	Artikel
BAnz	Bundesanzeiger
BewG 1934	Bewertungsgesetz vom 16. 10. 1934
BewG 1965	Bewertungsgesetz in der Fassung vom 10. 12. 1965
BewRGr	Richtlinien für die Bewertung des Grundvermögens
BFH	Bundesfinanzhof
BGB	Bürgerliches Gesetzbuch
BGBl	Bundesgesetzblatt
BRD	Bundesrepublik Deutschland
BStBl	Bundessteuerblatt
Diss.	Dissertation
ErbStG	Erbschaftssteuergesetz
EStDV	Einkommensteuer-Durchführungsverordnung
EStG 1969	Einkommensteuergesetz vom 12. 12. 1969
EStR	Einkommensteuer-Richtlinien
EStR 1969	Einkommensteuer-Richtlinien für das Kalenderjahr 1969 vom 27. 5. 1970
EW	Einheitswert
FAZ	Frankfurter Allgemeine Zeitung
GDL	Gesetz über die Ermittlung des Gewinns aus Land- und Forstwirtschaft nach Durchschnittsätzen
gem.	gemäß
GewStG 1968	Gewerbesteuergesetz in der Fassung vom 20. 10. 1969
GewStR	Gewerbesteuer-Richtlinien
GrESt	Grunderwerbsteuer
GrEStG	Grunderwerbsteuergesetz
GrStDV	Grundsteuer-Durchführungsverordnung
GrStErlV	Grundsteuererlaßverordnung
GrStG	Grundsteuergesetz
HB	Handelsblatt
HdF	Handbuch der Finanzwissenschaft
HdSt	Handwörterbuch der Staatswissenschaften
HdSW	Handwörterbuch der Sozialwissenschaften, zugleich Neuauflage des Handwörterbuchs der Staatswissenschaften
IK	Industriekurier
KGaA	Kommanditgesellschaft auf Aktien
KStDV	Körperschaftsteuer-Durchführungsverordnung
KStG 1968	Körperschaftsteuergesetz in der Fassung vom 13. 10. 1969
KStR 1969	Körperschaftsteuer-Richtlinien für das Kalenderjahr 1969
KVStG	Kapitalverkehrsteuergesetz

l. u. f.	land- und forstwirtschaftlich
NF	Neue Folge
RGBl	Reichsgesetzblatt
RStBl	Reichssteuerblatt
UStG	Umsatzsteuergesetz
v.	von, vom
VStR 1969	Vermögensteuer-Richtlinien für die Vermögensteuer-Hauptveranlagung 1969
WZ	Wertzuwachs(es)
Ziff.	Ziffer

Verzeichnis der Tabellen

Verzeichnis der Übersichten

A Die Untersuchung nach Aktualität, Fragestellung und Zielsetzung

Die Besteuerung unterliegt mit ihren Normen und Formen den Wandlungen der Wirklichkeit. Von Zeit zu Zeit werden historisch gewachsene Besteuerungsvorschriften durch Reformen den veränderten Wirtschaftsverhältnissen angepaßt.

Die Besteuerung von Wertzuwächsen ist ein altes Anliegen der Steuerpolitik. Sieht man einmal von der Erfassung von Wertveränderungen im Rahmen der betrieblichen Gewinnbesteuerung ab, so ist einerseits seit der Grundrententheorie Ricardos immer wieder versucht worden, durch spezielle Wertzuwachssteuern einer Überhandnahme z. B. der Bodenspekulationen zu begegnen; andererseits war man insbesondere in Kriegs- und Nachkriegsjahren stets bemüht, die aus der Kriegswirtschaft und aus den Währungsumstellungen resultierenden ökonomisch "unverdienten" Gewinn- und Wertsteigerungen steuerlich zu belasten, wie es beispielsweise auch das Ziel der Kredit- und Hypothekengewinnabgabe der deutschen Lastenausgleichsgesetzgebung war.

Handelte es sich bei diesen Formen der Wertzuwachsbesteuerung im allgemeinen um Spezialsteuern auf Sondergewinne, die als ungerechtfertigt angesehen wurden, und trug man damit lediglich von Fall zu Fall singulären ordnungspolitischen Gesichtspunkten Rechnung, so sprechen gerade heute einige steuersystematische und -politische Überlegungen dafür, die Wertzuwachsbesteuerung auf eine breitere Basis zu stellen und in diesem Zusammenhang die Möglichkeiten und Grenzen einer allgemeinen Wertzuwachsbesteuerung, die alle Vermögenswertänderungen erfaßt, grundsätzlich zu analysieren. Die "Große Steuerreform" bietet dazu die Möglichkeit, das gegenwärtige Steuersystem daraufhin zu überprüfen, ob und inwieweit Wertzuwächse erfaßt werden und in Zukunft besteuert werden können. Die Dringlichkeit dieser Überprüfung läßt sich daran erkennen, daß die Rechtsprechung immer häufiger mit Problemen konfrontiert wird, die die Erfassung und die Besteuerung der Wertzuwächse betreffen. Die Rechtsprechung gelangt dabei zu Ergebnissen, die zu den bestehenden Steuergesetzen im Widerspruch stehen oder kürzlich noch standen. (1)

Die gegenwärtige Diskussion (2) über die Besteuerung von Wertzuwächsen läuft Gefahr, nur die Wertveränderungen bei Grund und Boden zu erörtern. Werden nur die Wertsteigerungen der Grundstücke durch eine künftige Besteuerung erfaßt, so führt dies unweigerlich zu einer Begünstigung anderer Vermögensgegenstände. Daher ist es dringend notwendig, die Wertsteigerungen aller Wirtschaftsgüter unterschiedslos zu betrachten, gleichgültig, ob sie zum Betriebs- oder zum Privatvermögen gehören.

Die vorliegende Arbeit versucht, einen Beitrag zur Diskussion der Wertzuwachsbesteuerung zu leisten. Zunächst sollen nach Klärung der notwendigen begrifflichen Abgrenzungen die theoretischen Möglichkeiten der Erfassung und Besteuerung von Wertzuwächsen in einem Steuersystem aufgezeigt werden. Daran schließt sich die Frage an, inwieweit Wertzuwächse in dem derzeit gültigen Steuersystem der Bundesrepublik Deutschland bereits erfaßt und besteuert werden. Aus den daraus gewonnenen Erkenntnissen sind die Determinanten der differenzierten und unvollständigen Wertzuwachsbesteuerung herauszuschälen. Das Ausmaß der Wertzuwachsbelastung bei bestimmten Wirtschaftsgütern wird an Hand ausgewählter Beispiele verdeutlicht. Die kritische Würdigung der gegenwärtigen Wertzuwachsbesteuerung vor dem Hintergrund allgemeiner Besteuerungsgrundsätze schließt den Untersuchungskomplex ab, die Erfassung und Besteuerung von Wertzuwächsen im derzeitigen Steuersystem der BRD unter Anwendung verschiedenartiger Kriterien einer Bewertung zu unterziehen. Die Determinanten der differenzierten Wertzuwachsbesteuerung sind der steuerpolitische Ansatzpunkt, um Möglichkeiten umfassender Wertzuwachsbesteuerung zu finden. Im Schlußteil der Untersuchung werden alternative Konzepte einer Wertzuwachsbesteuerung und deren Konsequenzen für bestehende Steuern aufgezeigt.

B Der begriffliche Bezugsrahmen der Untersuchung

Steuern stellen einen zwangsweisen (naturalen oder geldlichen) Werttransfer von privaten Wirtschaftseinheiten auf öffentliche Körperschaften dar. (3) Die möglichen Anknüpfungspunkte für eine sinnvolle Besteuerung können die Wertströme des Wirtschaftskreislaufs sein. Jedes konkrete Steuersystem eines Landes ist das Ergebnis historischer Entwicklungen; daher ist es zu erklären, daß die Besteuerung je nach Stand der finanz- und steuerwissenschaftlichen Erkenntnisse und der politischen Zielsetzungen an den theoretisch möglichen Ansatzpunkten unterschiedlich eingesetzt hat.

Wertströme, die Grundlage einer Besteuerung sein können, lassen sich durch Produktions- und Marktvorgänge erklären.

Durch den Einsatz von Produktionsfaktoren entstehen Güter und Dienstleistungen, die als Ertrag eines gelungenen Produktionsprozesses im weitesten Sinne zu betrachten sind. (4) Knüpft die Besteuerung unmittelbar an die Quelle des Ertrages an, so liegt eine Ertragsbesteuerung vor, die - idealtypisch gesehen - persönliche Verhältnisse nicht berücksichtigt, also rein objektbezogen ist.

Einer (juristischen oder natürlichen) Person zugerechnete Erträge werden als Einkommen angesehen. Das Einkommen stellt sich demnach dar als die Summe der wirtschaftlichen Werte, die einer Person in einem Zeitabschnitt zufließen und für die Bedürfnisbefriedigung eingesetzt werden können. (5) Diese einem Wirtschaftssubjekt als Einkommen zugeflossenen Werte werden im Rahmen der Einkommensbesteuerung erfaßt. Je nach Disposition des Wirtschaftssubjektes kann das Einkommen zu konsumtiven Zwecken verwandt oder gespart bzw. investiert werden. Diese Formen der Einkommensverwendung können ebenfalls Ansatzpunkte für eine Besteuerung sein, und zwar für eine Verbrauchs- und eine Investitionsbesteuerung.

Durch Sparen und Investieren entsteht Vermögen, das ebenfalls Gegenstand der Besteuerung sein kann. Vermögen im ökonomischen Sinne ist "die Summe aller Geldwerte der Sachgüter und Rechte, die einer Person zur Verfügung stehen"(6).

Ein weiterer Anknüpfungspunkt für die Besteuerung kann in dem Wertzuwachs von Wirtschaftsgütern liegen. (7) In der steuer- und finanzwissenschaftlichen Literatur wird dieser Begriff des Wertzuwachses allerdings recht unterschiedlich definiert. (8) Ohne auf diese Unterscheidungen im einzelnen einzugehen, kann die Vergrößerung (Vermehrung) eines Wirtschaftsgutes, d.h. sein Zuwachs, als Summe der substantiellen und der wertmäßigen Veränderungen verstanden werden, die sich durch den Vergleich zwischen zwei Stichtagen ermitteln lassen. Der Substanzzuwachs beinhaltet die körperliche (güterwirtschaftliche) Zunahme eines Wirtschaftsgutes. So vergrößert sich beispielsweise durch Investitionen und nicht konsumierte Einkommensteile der Bestand an Vermögensgütern. Erfährt ein und dasselbe Wirtschaftsgut zwischen zwei Stichtagen eine veränderte Wertschätzung, so stellt die positive Differenz einen Wertzuwachs dar (monetäre Komponente des Zuwachses). Der Wertzuwachs kann demnach als die in Geld ausgedrückte vermehrte Wertschätzung eines substantiell unveränderten Wirtschaftsgutes bezeichnet werden. Wertzuwächse sind somit Ausdruck der relativen Preisveränderungen auf Grund gewandelter Knappheitsgrade.

Kompliziert erscheint die Abgrenzung zwischen Substanzzuwachs und Wertzuwachs beispielsweise bei einem durch Melioration verbesserten Grundstück. Jedoch läßt sich auf gedanklicher Basis eine abstrakte Trennung durchführen: Der Marktwert eines Grundstückes betrage am 31. 12. 1969 DM 100.000,--. Bis zum 10. 1. 1970 wird vom Eigentümer eine Bodenverbesserung durchgeführt, die Aufwendungen in Höhe von DM 9.000,-- verursacht. Das verbesserte Grundstück ist am 31. 12. 1970 mit DM 120.000,-- zu veranschlagen. Durch die Melioration hat sich die Substanz des ursprünglichen Grundstückes verändert. Der Wertzuwachs errechnet sich vom Zeitpunkt des substantiell veränderten Grundstückes bis zum 31. 12. 1970; er beträgt DM 11.000,--. (9)

Wertsteigerungen, die bei nomineller Rechnung auf allgemeinen Preissteigerungen und damit auf einer inflationären Wirtschaftsentwicklung beruhen, sollen aus der Betrachtung ausgeschlossen sein. (10) Zwar wird es sich durchweg aus steuertechnischen Gründen nicht vermeiden lassen, daß inflationäre Wertaufblähungen in die Steuerbemessungsgrundlagen eingehen und damit als Wertzuwächse erscheinen, doch soll dieser Tatbestand in der vorliegenden Untersuchung weitgehend unbeachtet bleiben; denn es ist davon auszugehen, daß es nicht Aufgabe der Steuerpolitik ist, Versäumnisse der Geldpolitik nachträglich wieder wettzumachen. Auch in der derzeitig gültigen Steuerrechtssprechung werden die Auswirkungen der Inflation nicht in gebührender Weise berücksichtigt, weil an dem Nominalprinzip festgehalten wird.

Für unsere Untersuchung ist es ferner aus Zweckmäßigkeitsgründen notwendig, eine weitere Abgrenzung des Begriffes "Wertzuwachs" zu treffen. Der bei Wirtschaftsgütern auftretende Wertzuwachs kann bei objektbezogener Betrachtungsweise als Ertrag interpretiert werden. Wird der Wertzuwachs den Wirtschaftssubjekten zugerechnet (personenbezogene Betrachtungsweise), so kann von einem Vermögenszuwachs gesprochen werden, der nach der Schanzschen Reinvermögenszugangstheorie (11) Einkommen

Übersicht 1

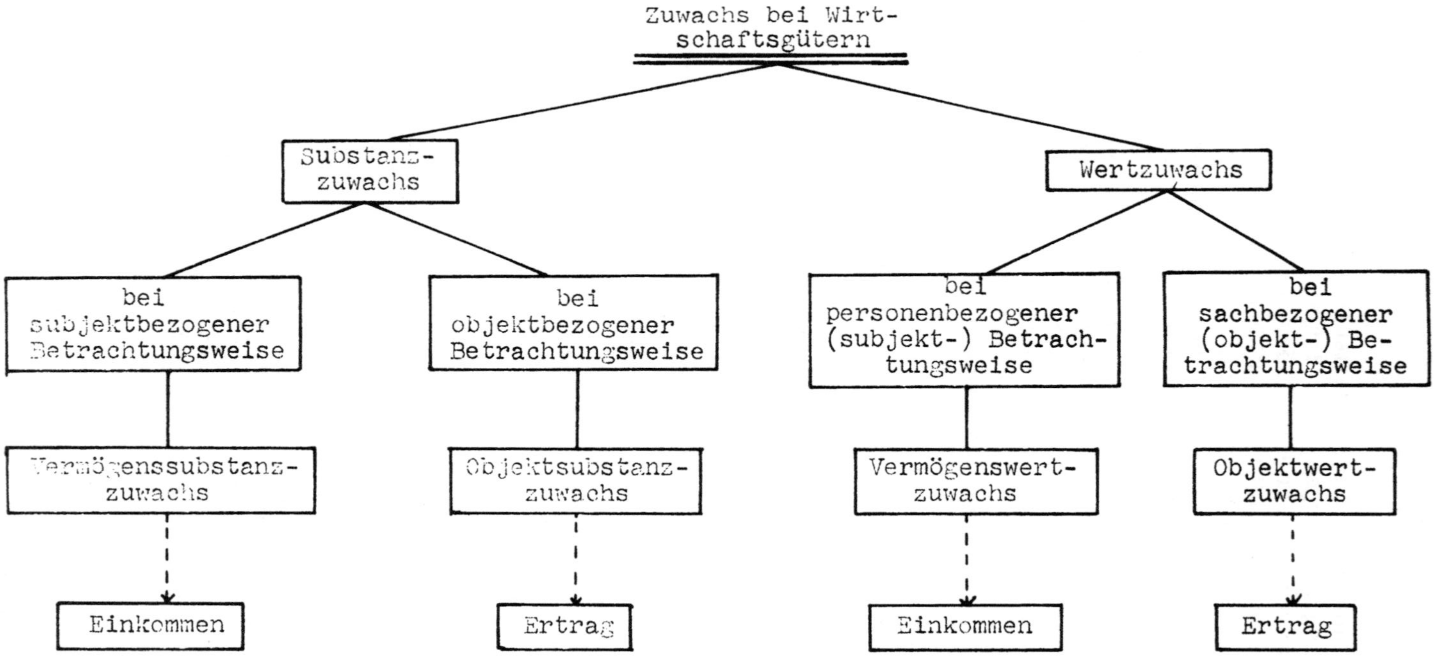
Zuwachs bei Wirtschaftsgütern
Substanzzuwachs
Wertzuwachs
bei subjektbezogener Betrachtungsweise
bei objektbezogener Betrachtungsweise
bei personenbezogener (subjekt-) Betrachtungsweise
bei sachbezogener (objekt-) Betrachtungsweise
Vermögenssubstanzzuwachs
Objektsubstanzzuwachs
Vermögenswertzuwachs
Objektwertzuwachs
Einkommen
Ertrag
Einkommen
Ertrag

darstellt. Wertzuwächse tragen zur Steigerung der persönlichen Leistungsfähigkeit bei. (12) Für diese Steigerung der Leistungsfähigkeit ist es prinzipiell unerheblich, ob die Wertzuwächse realisiert worden sind (z. B. durch Veräußerung des Vermögensgegenstandes) oder nicht. Auch nichtrealisierte Wertzuwächse erhöhen - etwa durch Vergrößerung der Kreditfähigkeit - das wirtschaftliche Leistungspotential des Vermögenseigners. Für den Tatbestand der Steigerung persönlicher Leistungsfähigkeit kann es ebenfalls nicht entscheidend sein, ob die Wertzuwächse beim Steuerpflichtigen im Rahmen einer Buchführungspflicht festgehalten werden.

Eine Unterscheidung der Wertzuwächse in "verdiente" und "unverdiente", die die ältere Literatur vielfach trifft, ist wegen der exakten technischen Abgrenzungsunmöglichkeit abzulehnen. Außerdem ist zu bedenken, daß eine derartige auf moralischen Wertvorstellungen fußende Differenzierung konsequenterweise auch auf andere Teile des Einkommens zu übertragen wäre. (13)

Von dem Begriff des Vermögenswertzuwachses ist der des Vermögenssubstanzzuwachses abzugrenzen. Dieser beinhaltet die güterwirtschaftliche (quantitative) Vermehrung der Vermögensgegenstände.

Aus der Übersicht 1 (S. 12) lassen sich weitere Begriffsabgrenzungen entnehmen.

C Die Voraussetzungen und Möglichkeiten der Wertzuwachserfassung

Die Wertzuwachsbesteuerung läßt sich in einem Steuersystem auf unterschiedliche Weise gestalten: Die Wertzuwächse können auf direktem oder indirektem Wege erfaßt und besteuert werden. Beide Methoden sind auch miteinander kombiniert denkbar. Um Wertzuwächse sowohl auf direkte als auch auf indirekte Weise der Besteuerung zuführen zu können, muß das Steuerrecht in ganz bestimmter Form ausgestaltet sein.

1. Die allgemeinen Bedingungen der Wertzuwachserfassung

Nur wenn die folgenden Bedingungen vorliegen, können Wertzuwächse besteuert werden:

a) Der Besteuerung muß ein Wirtschaftsgut zugrunde liegen, d. h. selbst Steuerobjekt oder Ansatzpunkt und technische Hilfsgröße für die Besteuerung sein.

b) Die Steuerbemessungsgrundlage darf keine "technisch-physikalische Größe", sondern muß eine "ökonomisch-monetäre" sein, d. h. die Bemessungsgrundlage muß einen in Geldeinheiten ausgedrückten Wert des Wirtschaftsgutes wiedergeben.

c) Das Wirtschaftsgut ist an mindestens zwei voneinander getrennten Zeitpunkten zu bewerten.

d) Die Bewertungsmaßstäbe und -methoden müssen zu zeitnahen Wertansätzen führen, die zugleich die allgemeine Wertschätzung des Wirtschaftsgutes widerspiegeln.

Diese Voraussetzungen stellen ein Mindestmaß dar, das realisiert sein muß, um Wertzuwächse sowohl nach der direkten als auch der indirekten Methode steuerlich zu erfassen und zu belasten.

2. Die direkte Erfassungsmethode

Bei unmittelbarer Erfassung ist der in Geld ausgedrückte Wertzuwachs erklärtes Ziel und Gegenstand der Besteuerung. (14) Die Bemessungsgrundlage bildet die positive Differenz (15) zwischen Anfangs- und Endwert der Wirtschaftsgüter in einem Bewertungszeitraum.

Diese direkte Wertzuwachsbesteuerung läßt sich als Sachsteuer oder als Personensteuer konzipieren.

Wird der Wertzuwachs nur bei einzelnen Wirtschaftsgütern (wie z. B. Wertpapieren, Grundstücken usw.) erfaßt, ohne die persönlichen Verhältnisse des Eigentümers zu berücksichtigen, so liegt eine sach- oder objektbezogene Besteuerung vor. Eine solche <u>Sachwertzuwachssteuer</u> erfaßt demnach ausschließlich die objektiv eingetretenen Wertveränderungen einzelner Wirtschaftsgüter, die mit Hilfe von beispielsweise Sachwertkatastern ermittelt werden können.

Die als Personensteuer ausgestaltete Wertzuwachsbesteuerung bezieht sich auf die Wertveränderungen des Gesamtvermögens einer Person; dabei lassen sich die persönlichen Verhältnisse gesondert berücksichtigen. Eine derartige <u>Vermögenswertzuwachssteuer</u> muß sich weitgehend auf Vermögensteuerlisten und Vermögenskataster stützen, soweit die steuerliche Selbstveranlagung nicht konsequent durchgeführt wird.

Eine reine Sachwertzuwachssteuer ließe sich durch die nachträgliche Berücksichtigung persönlicher Verhältnisse des Sachwerteigentümers einer personenbezogenen Besteuerung annähern - ähnlich dem Beispiel der deutschen Kapitalertragsteuer, die durch Einbau in das Gefüge der Einkommensteuer ihren reinen sachbezogenen Charakter weitgehend verliert.

3. Die indirekte Erfassungsmethode

Wenn Sachgüter oder Vermögen zum Zwecke einer Besteuerung (des Einkommens, Ertrages, Vermögens usw.) in gewissen Zeitabständen bewertet werden, können Wertzuwächse in die Steuerbemessungsgrundlagen eingehen, so daß sie auf indirektem Wege erfaßt und somit einer Besteuerung zugeführt werden.

Eine derartige Mitbesteuerung des Wertzuwachses schließt "alle direkten Personal- und Sachsteuern in sich, die in periodischen Veranlagungen den laufenden Vermögens- oder Sachgüterwert jeweils ermitteln und zum Gegenstand der Besteuerung nehmen. Ferner alle Einkommensteuern und Sachertragsteuern, soweit sie auf den Bilanzwerten und den daraus berechneten Gewinnen sich aufbauen, vor allem alle Einkommensteuern, die den sogenannten Schanzschen Einkommensbegriff anerkennen oder wenigstens die Konjunkturengewinne in das steuerbare Einkommen einbeziehen". (16)

Die theoretischen Möglichkeiten einer Wertzuwachsbesteuerung lassen sich durch das folgende Schema zusammenfassend darstellen:

Übersicht 2

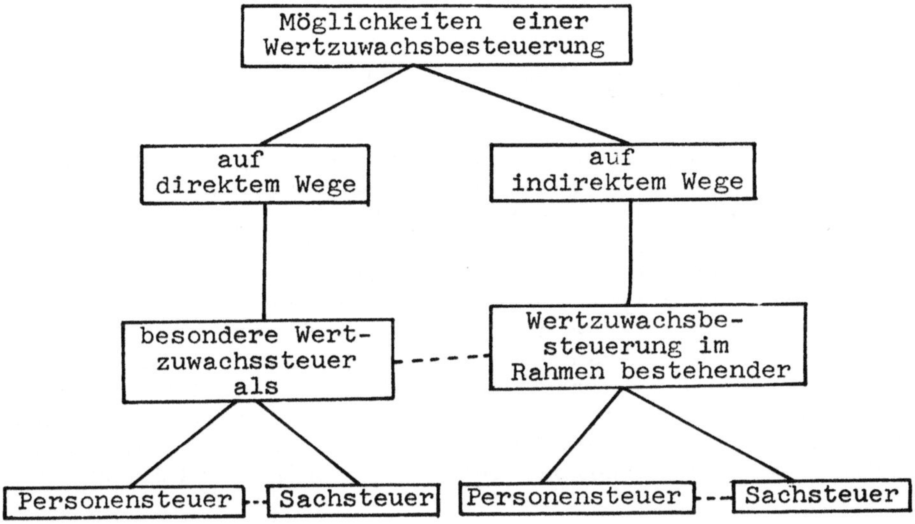

Eine indirekte Erfassung und Besteuerung von Wertzuwächsen kann steuerpolitisch bewußt herbeigeführt werden; sie kann aber auch das mehr oder weniger zufällige Ergebnis der Tatsache sein, daß die oben genannten "allgemeinen Bedingungen" (17) durch das Steuerrecht erfüllt sind. So ist es zu erklären, daß z. B. im geltenden Steuersystem der BRD Wertzuwächse indirekt besteuert werden, obwohl die steuerlichen Vorschriften auf eine derartige Absicht nicht hindeuten.

Im nächsten Kapitel soll versucht werden, die Frage zu klären, inwieweit im Steuersystem der BRD bereits Wertzuwächse indirekt besteuert werden.

D Die Erfassung und Besteuerung der Wertzuwächse im gegenwärtigen Steuersystem der BRD

Von den beiden grundsätzlichen Möglichkeiten der Wertzuwachsbesteuerung (der direkten und der indirekten Methode) kann nur die indirekte angesprochen sein, wenn im folgenden untersucht wird, wie und in welchem Umfang das Steuersystem der BRD Wertzuwächse der Besteuerung unterwirft; denn es gibt keine deutsche Steuernorm, die eine wie auch immer veränderte

Wertschätzung eines Wirtschaftsgutes ausdrücklich zum Steuerobjekt erklärt. (18) Es kann sich demnach immer nur um eine Mitbesteuerung der Wertzuwächse innerhalb verschiedenartiger Steuern handeln. Diese Miterfassung der Wertzuwächse ist weitgehend darauf zurückzuführen, daß sie durch den Bewertungsmodus der Wirtschaftsgüter in die Steuerbemessungsgrundlage eingehen.

Eine Erörterung der derzeitigen Wertzuwachserfassung erscheint zweckmäßig, um einen Überblick darüber zu gewinnen, welchen Umfang die mittelbare Besteuerung der Wertzuwächse in unserem Steuersystem hat. (19) Daraus läßt sich erkennen, ob diese indirekte Besteuerung systemgerecht und rational ist oder erst rational gestaltet werden muß.

1. Vorbemerkung: Zur Klassifikation der Steuern

Das gegenwärtige Steuersystem der BRD weist unterschiedlich konzipierte Steuern auf. Es ist äußerst schwierig, die Vielzahl der Steuerarten nach dem Kriterium "Einkommens- oder Ertragsbesteuerung" eindeutig zu ordnen. Nicht ohne Abgrenzungsschwierigkeiten ließen sich beispielsweise der Einkommensbesteuerung die Einkommen-, Körperschaft-, Vermögen-, Erbschaft- und Schenkungsteuer zurechnen, der Ertragsbesteuerung die Grund-, Gewerbe- und Kapitalertragsteuer. Durch diese Einteilung blieben jedoch noch andere Steuern unberücksichtigt, nämlich u. a. Umsatz-, Grunderwerb-, Kapitalverkehrsteuer usw. Es kann nicht Aufgabe der vorliegenden Untersuchung sein, die Diskussion um die Steuerklassifikation (20) neu aufzurollen und Argumente für eine Zuordnung der vielfältigen Steuerarten der BRD in das Gliederungsschema "Einkommen- und Ertragsteuern" zu liefern.

"Nun ist allerdings wie jede Klassifikation, so auch die der Steuerformen weitgehend eine Zweckmäßigkeitsfrage; das gilt namentlich in bezug auf Weite und Tiefe des Gliederungsschemas, aber natürlich auch hinsichtlich des mit der Klassifizierung primär verfolgten Zweckes."(21) Um unnötige Überschneidungen und Wiederholungen bei der Erörterung der derzeitigen Wertzuwachsbesteuerung zu vermeiden, sollen zunächst die Einkommensteuer und die auf dem Einkommensteuerrecht fußenden Steuern untersucht werden. Daran schließt sich die Überprüfung der Steuern an, denen das Bewertungsgesetz zugrunde liegt. Obwohl damit alle Steuern in die Betrachtung eingeschlossen sind, die der Einkommens- und Ertragsbesteuerung zugerechnet werden können, wäre die Darstellung der gegenwärtigen Wertzuwachsbesteuerung unvollständig, würden die "sonstigen Steuern" ausgelassen.

2. Die Wertzuwachsbesteuerung in der Einkommensteuer

Das Einkommensteuergesetz (EStG) (22) ist auch für die körperschaftsteuerliche Gewinnermittlung (23) sowie für die gewerbesteuerliche Ertragsberechnung (24) weitgehend maßgeblich. Daher gehen Wertzuwächse, die durch einkommensteuerliche Vorschriften Bestandteil der Steuerbemessungsgrundlagen werden, auch in die Körperschaftsteuer und in die Gewerbesteuer nach dem Gewerbeertrag ein.

Die Kirchensteuer (25) lehnt sich überwiegend an die persönliche Einkommensteuer (26) an. Das geschieht derart, daß ein bestimmter Prozentsatz von der Einkommensteuerschuld als Kirchensteuer abzuführen ist. Infolgedessen werden Wertzuwächse, die bereits in der Bemessungsgrundlage zur Einkommensteuer enthalten und durch die Einkommensteuer belastet sind, durch die Kirchensteuer ein zweites Mal mittelbar, d. h. kaskadenförmig belastet. Belastungswirkungen recht komplizierter Art ergeben sich noch dadurch, daß die Kirchensteuer bei der Einkommensteuer voll als Sonderausgabe abzugsfähig ist, sie aber andererseits von juristischen Personen nicht erhoben wird.

In der folgenden Erörterung sollen die vom Einkommensteuerrecht abhängigen Steuern weitgehend unberücksichtigt bleiben, weil sie keine grundsätzlich abweichenden Probleme hinsichtlich der indirekten Wertzuwachserfassung bieten.

In der Einkommensteuer werden Wertzuwächse auf folgende Weise erfaßt (27):

1. bei der Besteuerung des Periodengewinns der drei Einkunftsarten (28) und

2. bei der Besteuerung der sonstigen Veräußerungsgewinne (29).

Die Ermittlung der Perioden- und Veräußerungsgewinne fußt auf einem Vergleich von Vermögenswerten, die nach der besonderen Zielsetzung des Einkommensteuergesetzes (30), nämlich den Erfolg einer Periode zu besteuern, mit bestimmten Wertansätzen zu bewerten sind. Die Wahl und die Eigenart der Bewertungsmaßstäbe und -vorschriften entscheiden im besonderen Maße darüber, ob und inwieweit Wertzuwächse der Wirtschaftsgüter erfaßt und somit der Besteuerung unterworfen werden. Im nächsten Abschnitt sollen die einkommensteuerlichen Wertmaßstäbe hinsichtlich ihrer Eignung für die Wertzuwachserfassung geprüft werden.

a) Die Bewertungsmaßstäbe im Einkommensteuerrecht

Der zur Einkommensermittlung notwendige Vermögensvergleich setzt die Bewertung der Wirtschaftsgüter an zwei Zeitpunkten (t_0 und t_1) voraus. Ergibt sich zwischen den Wertansätzen dieser beiden Zeitpunkte eine positive Differenz, so ist insofern ein Wertzuwachs erfaßt worden, als der Vermögensgegenstand substantiell unverändert geblieben ist. In der folgenden Übersicht 3 sind die jeweiligen Werte der Zeitpunkte t_0 und t_1 einander gegenübergestellt, die zum Zwecke der Ermittlung des Periodengewinns bzw. der sonstigen Veräußerungsgewinne zu bilden sind.

Im Einkommensteuerrecht sind im wesentlichen die folgenden Wertansätze vorgesehen (31):

a_1) Anschaffungs- oder Herstellungskosten (reale oder fiktive)

a_2) Teilwert.

Übersicht 3

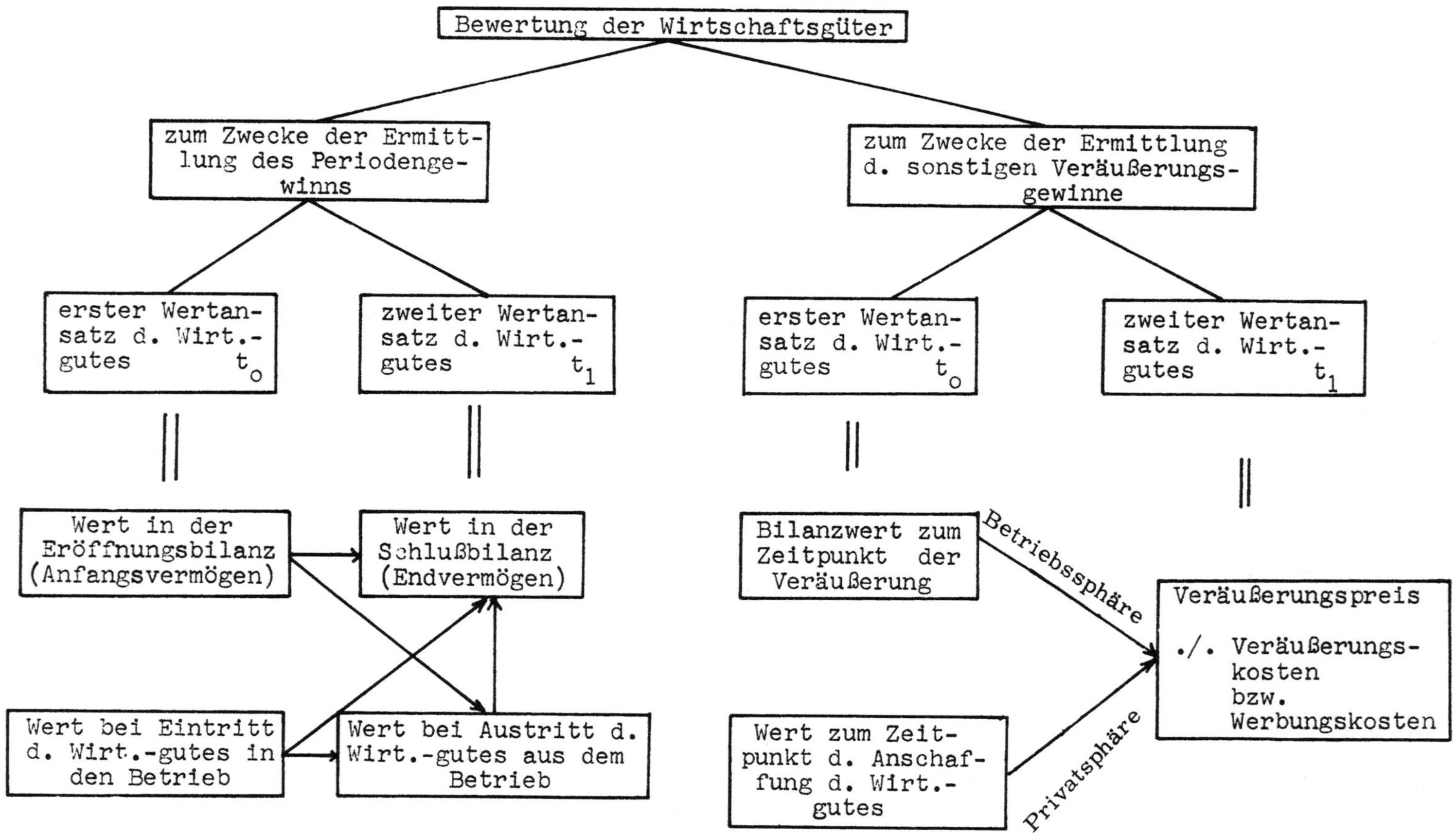
Bewertung der Wirtschaftsgüter
zum Zwecke der Ermittlung des Periodengewinns
zum Zwecke der Ermittlung d. sonstigen Veräußerungsgewinne
erster Wertansatz d. Wirt.-gutes t_o
zweiter Wertansatz d. Wirt.-gutes t_1
erster Wertansatz d. Wirt.-gutes t_o
zweiter Wertansatz d. Wirt.-gutes t_1
Wert in der Eröffnungsbilanz (Anfangsvermögen)
Wert in der Schlußbilanz (Endvermögen)
Wert bei Eintritt d. Wirt.-gutes in den Betrieb
Wert bei Austritt d. Wirt.-gutes aus dem Betrieb
Bilanzwert zum Zeitpunkt der Veräußerung
Wert zum Zeitpunkt d. Anschaffung d. Wirt.-gutes
Betriebssphäre
Privatsphäre
Veräußerungspreis ./. Veräußerungskosten bzw. Werbungskosten

a_3) Veräußerungspreis bzw. gemeiner Wert

Zu a_1:

Die Anschaffungskosten beinhalten alle Aufwendungen, die zur Anschaffung des Wirtschaftsgutes notwendig sind; "außer dem Kaufpreis gehören hierzu alle Nebenkosten, die durch das Anschaffungsgeschäft veranlaßt sind, ...". (32) Zu den Herstellungskosten gehören alle zur Herstellung des Wirtschaftsgutes erforderlichen Aufwendungen. "Eine genaue Abgrenzung zwischen Anschaffungs- und Herstellungskosten ist schwierig, aber auch für die Besteuerung belanglos, da beide Arten von Aufwendungen gleich zu behandeln sind."(33), (34) Die tatsächlich entstandenen (realen) Anschaffungs- und Herstellungskosten sind nur bei entgeltlichem Erwerb bzw. Herstellung von Wirtschaftsgütern anzusetzen. Gelangen die Güter unentgeltlich in das Betriebsvermögen, so sind gemäß § 7 Abs. 2 EStDV(35) gedachte (fiktive) Anschaffungs- oder Herstellungskosten anzusetzen, die den Wert darstellen, den der Betrieb zum Zeitpunkt der unentgeltlichen Übernahme für die Anschaffung bzw. Herstellung hätte aufwenden müssen. (36)

Zu a_2:

Als Teilwert gilt nach § 6 Abs. 1 Ziff. 1 EStG der Betrag, den ein Erwerber des ganzen Betriebes im Rahmen des Gesamtkaufpreises für das einzelne Wirtschaftsgut ansetzen würde, wenn er den Betrieb fortführen will. (37) Die Höchstgrenze des Teilwertes liegt beim Wiederbeschaffungswert, d.h. bei dem Betrag, der für die Anschaffung oder Herstellung einschließlich aller Nebenkosten am Bewertungsstichtag aufzuwenden wäre. Die Untergrenze bildet der Einzelveräußerungspreis (gemeiner Wert, Liquidationswert), "das ist der Betrag, der bei der Einzelveräußerung des Wirtschaftsguts ohne Rücksicht auf seine Betriebszugehörigkeit zu erzielen wäre; als niederster Betrag kommt hier der Material-(Schrott-)Wert in Betracht". (38) Außer diesen Grenzwerten, die die Rechtsprechung (39) aufgestellt hat, um die Schwierigkeiten der Teilwertermittlung zu mildern, sind noch "Vermutungen" entwickelt worden. Ihnen zufolge richtet sich die Höhe des Teilwertes innerhalb der Grenzen je nach Beschaffenheit des Wirtschaftsgutes nach den Anschaffungs-, Herstellungs- oder den Wiederbeschaffungskosten, wobei gegebenenfalls eine Absetzung für Abnutzung (AfA) zu berücksichtigen ist. (40)

Zu a_3:

Als Veräußerungspreis ist die Summe aller Vorteile anzusehen, die dem Verkäufer auf Grund der Veräußerung zufließen. "Es gehören hierher nicht nur die ausdrücklich als Kaufpreis bezeichneten Zahlungen, sondern auch sonstige Entschädigungen, wie z.B. Entgelte für den Wegfall künftiger Gewinnaussichten, für eingeräumte Wettbewerbsverbote, für Wegzug, für Aufgabe der Geschäftsräume usw. (RStBl. 30, 619; 33, 635; 35, 1466)."(41)

Der Gemeine Wert, der in bestimmten Fällen statt des Veräußerungspreises anzusetzen ist, wird gemäß § 9 Abs. 2 BewG 1965 durch den Preis bestimmt, "der im gewöhnlichen Geschäftsverkehr nach der Beschaffenheit des Wirtschaftsgutes bei einer Veräußerung zu erzielen wäre. Dabei sind alle Umstände, die den Preis beeinflussen, zu berücksichtigen. Ungewöhnliche oder persönliche Verhältnisse sind nicht zu berücksichtigen."(42)

Würden die Wirtschaftsgüter im Rahmen des einkommensteuerlichen Vermögensvergleichs mit jenen Wertansätzen bewertet, so ließen sich Wertzuwächse durchaus erfassen. Jedoch werden die Wertansätze hinsichtlich der Möglichkeit, eine Wertsteigerung zum Ausdruck zu bringen, durch vielfältige Anwendungs- und Bilanzierungsvorschriften eingeengt. Um zu einer Aussage über die Erfassung der Wertzuwächse im Rahmen der Einkommensbesteuerung zu gelangen, sind daher die Bewertungsmaßstäbe nur im Zusammenhang mit den Anwendungsvorschriften zu sehen. Dies wird bei der Diskussion der Wertzuwachsbesteuerung im Rahmen der Periodengewinnerfassung und der Erfassung sonstiger Veräußerungsgewinne geschehen.

b) Die Besteuerung des Periodengewinns bei Gewinneinkunftsarten

Der Periodengewinn wird im Einkommen- und Körperschaftsteuerrecht nach folgenden Methoden ermittelt:(43)

1. Partieller Vermögensvergleich gemäß § 4 Abs. 1 EStG für Land- und und Forstwirte, Freiberufler und für solche Gewerbetreibende, die keine Bücher führen müssen;

2. Totaler Vermögensvergleich gemäß § 5 im Zusammenhang mit § 4 Abs. 1 EStG für Vollkaufleute und sonstige buchführungspflichtige oder freiwillig buchführende Gewerbetreibende;

3. Überschuß der Betriebseinnahmen über die Betriebsausgaben nach § 4 Abs. 3 EStG für solche Land- und Forstwirte, Gewerbetreibende und Freiberufler, die nicht zur Buchführung verpflichtet sind und dies auch freiwillig nicht tun;

4. Ermittlung nach Durchschnittssätzen gemäß § 29 Abs. 1 Nr. 1 EStG im Zusammenhang mit dem Gesetz über die Ermittlung des Gewinns aus Land- und Forstwirtschaft nach Durchschnittssätzen (GDL) für bestimmte Land- und Forstwirte;

5. Ermittlung durch Schätzung gemäß § 217 Reichsabgabenordnung (AO)(44) für Steuerpflichtige, deren Besteuerungsgrundlagen nicht mit an Sicherheit grenzender Wahrscheinlichkeit berechnet werden können.

Für die weiteren Erörterungen sollen die nach den Methoden 3 bis 5 ermittelten Periodengewinne außer Betracht bleiben, weil über die Wertzuwachserfassung nach diesen Methoden nur mutmaßliche Aussagen getroffen werden können. So könnten beispielsweise die Wertsteigerungen von Wirtschaftsgütern mit Hilfe der Gewinnermittlung nach Durchschnittssätzen nur dann erfaßt werden, wenn diese Durchschnittssätze in ihrer jeweiligen Höhe die Wertentwicklung der Wirtschaftsgüter widerspiegelten. (45). Wirtschaftsgüter, die in den Vermögensvergleich zum Zwecke der Periodengewinnermittlung einbezogen werden, unterliegen den einkommensteuerlichen Bewertungsvorschriften des § 6 EStG.

Zum Zwecke der Bewertung gliedert der § 6 EStG die zum Betriebsvermögen gehörenden Wirtschaftsgüter in

1. Wirtschaftsgüter des Anlagevermögens, die der Abnutzung unterliegen (§ 6 Abs. 1 Ziff. 1 EStG),

2. Wirtschaftsgüter, die nicht dem abnutzbaren Anlagevermögen zuzurechnen sind (§ 6 Abs. 1 Ziff. 2 und 3 EStG).

Für diese Wirtschaftsgüter bestehen allgemeine und besondere Bewertungsvorschriften. Die allgemeinen Bewertungsvorschriften, die ebenfalls im § 6 Abs. 1 Ziff. 1 bis 3 niedergelegt sind, werden immer dann angewandt, wenn es sich um die Bewertung in einer Bilanz zur Feststellung des Periodengewinns handelt. Diese allgemeinen Bewertungsvorschriften sehen folgende Wertansätze vor:

(a) Wirtschaftsgüter des abnutzbaren Anlagevermögens werden mit Anschaffungs- oder Herstellungskosten abzüglich einer Absetzung für Abnutzung (AfA) gemäß § 7 EStG bewertet. Liegt der Teilwert für diese Güter niedriger, so kann dieser angesetzt werden.

(b) Wirtschaftsgüter des nicht abnutzbaren Anlagevermögens sind mit den Anschaffungs- oder Herstellungskosten anzusetzen. Bei niedrigerem Teilwert kann (46) dieser angesetzt werden.

Die Art des Wertzusammenhangs zwischen dem Bilanzansatz der neu zu erstellenden und der letzten Bilanz wird ebenfalls im § 6 Abs. 1 Ziff. 1 bis 3 geregelt. Der Wertzusammenhang drückt aus, ob und in welchem Maße der letzte Bilanzansatz überschritten werden darf. So verhindert der uneingeschränkte Wertzusammenhang des § 6 Abs. 1 Ziff. 1 EStG das Überschreiten des letzten Bilanzansatzes, während der eingeschränkte Wertzusammenhang des § 6 Abs. 1 Ziff. 2 EStG eine Teilwertzuschreibung bis zur Höhe der historischen Anschaffungs- oder Herstellungskosten zuläßt. (47)

Für vielfältige Geschäftsvorfälle in den Unternehmen sind besondere Bewertungsvorschriften ergangen, die weitgehend in § 6 Abs. 1 Ziff. 4 bis 7 EStG genannt sind, für die aber die Rechtsprechung infolge der Vielgestaltigkeit des Wirtschaftslebens recht differenzierte Auslegungs-, Anwendungs- und Erweiterungsvorschriften erarbeitet hat. Sonderfälle der Bewertung hinsichtlich der Periodengewinnermittlung sind beispielsweise die folgenden:(48)

1. Entnahmen: gemäß § 6 Abs. 1 Ziff. 4 EStG
Teilwert oder unter bestimmten Bedingungen Buchwert

2. Einlagen: gemäß § 6 Abs. 1 Ziff. 5 EStG
Teilwert oder unter bestimmten Bedingungen höchstens Anschaffungs- bzw. Herstellungskosten

3. Betriebseröffnung: gemäß § 6 Abs. 1 Ziff. 6 EStG
Teilwert oder unter bestimmten Bedingungen höchstens Anschaffungs- bzw. Herstellungskosten

4. Entgeltlicher Betriebserwerb: gemäß § 6 Abs. 1 Ziff. 7 EStG
Teilwert bis höchstens Anschaffungs- bzw. Herstellungskosten

5. Unentgeltlicher Betriebserwerb: gemäß § 7 Abs. 1 EStDV
Buchwert

6. Unentgeltliche Übernahme einzelner Wirtschaftsgüter ins Betriebsvermögen: gemäß § 7 Abs. 2 EStDV
fiktive Anschaffungs- bzw. Herstellungskosten

7. Tausch und tauschähnliche Geschäfte: gemäß BFH (BStBl II tO, 492 und III 64, 561)
in der Regel gemeiner Wert des hingegebenen Wirtschaftsgutes als Anschaffungskosten für das eingetauschte Wirtschaftsgut; in Ausnahmefällen bei Wert-, Art- und Funktionsgleichheit Buchwert des hingegebenen Wirtschaftsgutes (Vgl. Gutachten des BFH: BStBl III, 59, 30); jedoch auch in Fällen der Rücklage für Ersatzbeschaffung (vgl. Abschnitt 35 EStR) (49) und der Anwendbarkeit der §§ 6 b, c EStG ist eine Bewertung zu Buchwerten möglich. (50)

8. Umwandlung der Unternehmensform:
Bei gewinnrealisierender Umwandlung sind die Wirtschaftsgüter in der Regel mit dem gemeinen Wert oder ihm angenäherten Werten anzusetzen; bei nicht-gewinnrealisierender Umwandlung werden die Buchwerte fortgeführt. (51)

Die bei den genannten Geschäftsvorfällen gebildeten Werte der Wirtschaftsgüter gehen in den Vermögensvergleich ein. Will man zu einer Aussage über die Möglichkeiten einer Erfassung von Wertzuwächsen durch die Periodengewinnfeststellung gelangen, so muß geprüft werden, wie die (allgemeinen und besonderen) Bewertungsvorschriften die Wertansätze gestalten, die für den Vermögensvergleich maßgeblich sind. Beim abnutzbaren Anlagevermögen (§ 6 Abs. 1 Ziff. 1 EStG), das in der gesamten laufenden Periode im Betrieb vorhanden ist und auf das infolgedessen nur die allgemeinen Bewertungsvorschriften angewandt werden, ist die Möglichkeit der Erfassung nicht realisierter Wertzuwächse wegen des uneingeschränkten Wertzusammenhangs nicht gegeben. Jedoch kann infolge der Vorschrift des § 6 Abs. 1 Ziff. 2 und 3 EStG eine Wertsteigerung derjenigen Wirtschaftsgüter erfaßt werden, die nicht einer substantiellen Abnutzung unterliegen; denn es besteht die Möglichkeit, den letzten bilanzierten Wertansatz zu überschreiten. Dieser Fall tritt immer dann ein, wenn das Wirtschaftsgut statt zum Anschaffungs- oder Herstellungswert zu einem niedrigeren Teilwert bilanziert worden war, aber zu einem späteren Zeitpunkt wieder einen Wertzuwachs erfahren hat, so daß die ursprünglichen Anschaffungs- oder Herstellungskosten unter Umständen wieder erreicht worden sind. (52) Zwar wurden durch die Bewertung zum niedrigeren Teilwert nichtrealisierte Wertverluste ausgewiesen (53), die den steuerpflichtigen Gewinn entsprechend minderten; jedoch werden bei der späteren Werterhöhung nichtrealisierte Wertzuwächse in gleichem Maße erfaßt.

Bei land- und forstwirtschaftlichen Betrieben ist auch der Ansatz des Teilwertes, der über die Anschaffungs- und Herstellungskosten hinausgeht, zulässig, wenn die Wertzuschreibung den Grundsätzen ordnungsmäßiger Buchführung entspricht. (54) Bei Wirtschaftsgütern, die in der laufenden Periode neu ins Betriebsvermögen aufgenommen werden und dort auch zum Zeitpunkt der Bilanzerstellung vorhanden sind, können Wertzuwächse unabhängig von den in § 6 Abs. 1 Ziff. 1 bis 3 EStG gebildeten Gütergruppen nicht erfaßt werden. Bei einer späteren Veräußerung der Wirtschaftsgüter richtet sich das Ausmaß der erfaßten Wertzuwächse einmal nach dem letzten Bilanzansatz, der in seiner Höhe durch die besondere Bewertungsvorschrift bestimmt wird; zum anderen ist er abhängig davon, inwieweit der maßgebliche Wert zum Zeitpunkt des Ausscheidens dem gültigen Marktpreis angenähert ist. Je niedriger der erste Wertansatz ist, desto größer ist das Ausmaß späterer Wertzuwachsbesteuerung.

Für Wirtschaftsgüter, die in der Referenzperiode aus dem Betriebsvermögen ausscheiden, wird ein bestimmter Wert nach den jeweils anzuwendenden besonderen Bewertungsvorschriften festgelegt. Dieser Wert schlägt sich in der Höhe des Gesamtvermögens in der Schlußbilanz nieder, d.h. das ausscheidende Wirtschaftsgut geht infolge der Vermögenstransaktion (etwa Verkauf) in andere zum Bilanzstichtag vorhandene Vermögenswerte (z.B. Kassenbestand) ein. Entspricht der durch die besondere Bewertungsvorschrift zu bildende Wertansatz dem Marktpreis des Wirtschaftsgutes zum Zeitpunkt des Austritts, so ist eine Erfassung des auf der Basis des letzten Bilanzansatzes entstandenen Wertzuwachses gesichert. Scheidet das Wirtschaftsgut mit einem unter dem Marktwert liegenden Preis aus (z.B. ein Wirtschaftsgut, auf das § 6 b oder § 6 c EStG angewandt wird), so wird die Möglichkeit der Wertzuwachserfassung entsprechend eingeengt.

Tangieren Wirtschaftsgüter innerhalb der laufenden Periode das Betriebsvermögen nur für eine gewisse Zeitspanne, so unterliegen sie den besonderen Bewertungsvorschriften zweimal. Das Ausmaß der Wertzuwachserfassung liegt dann in der Wertspanne, die durch die beiden zu bildenden Wertansätze gegeben ist. Kauft beispielsweise der Betrieb Waren, um sie in derselben Periode wieder zu veräußern, so schlagen sich die umgesetzten Wirtschaftsgüter zwar selbst nicht gegenständlich in der Bilanz nieder, jedoch gehen die realisierten Wertzuwächse in den Periodenerfolg in voller Höhe ein. Verlassen Wirtschaftsgüter das Betriebsvermögen jedoch mit einem Wert, der unter dem Marktpreis liegt, z.B. Buchwert, so gehen evtl. entstandene Wertzuwächse auch nur in entsprechend geminderter Form in den Periodengewinn ein.

Allgemein läßt sich zur Erfassung der Wertzuwächse im Rahmen der Periodengewinnfeststellung sagen, daß bei Anwendung nur allgemeiner Bewertungsvorschriften die Art des Wertzusammenhangs in den Bilanzen das Ausmaß der Wertzuwachserfassung bestimmt. Bezüglich der Wirtschaftsgüter, die infolge besonderer Bewertungsvorschriften die Bilanzansätze beeinflussen, ist eine Erfassung und Besteuerung von Wertzuwächsen immer dann möglich, wenn der zugrunde liegende Geschäftsvorgang die Gewinnrealisierung vorschreibt. Dies ist der Fall bei Bewertung zu Teilwert, gemeinem Wert und Verkaufspreis. Gestattet der Vorgang die Weiterführung von Buchwerten, so lassen sich Wertzuwächse nicht erfassen.

Vor allem im betrieblichen Bereich verhindern häufig die Wertmaßstäbe, die bei besonderen Bewertungsanlässen gebildet werden, daß Wertzuwächse bei bestimmten betrieblichen Transaktionen in die Steuerbemessungsgrundlage eingehen. Obwohl juristisch vielfach von Veräußerungen oder veräußerungsähnlichen Vorgängen gesprochen werden könnte, die dann konsequenterweise mit zeitnahen Wertmaßstäben gemessen werden müßten, verhindert die wirtschaftliche Betrachtungsweise bzw. ein wirtschaftspolitisches Motiv der Gesetzgebung oder Rechtsprechung den Ausweis der stillen Reserven und entzieht somit die hierin enthaltenen Wertzuwächse zumindest temporär der Besteuerung.

c) Die Besteuerung der sonstigen Veräußerungsgewinne

Veräußerungsgewinne können sich beziehen auf

c_1) das Betriebsvermögen und

c_2) das Privatvermögen.

Die Belastung der Wertzuwächse nach c_1) unterscheidet sich von c_2) in verschiedener Hinsicht.

Zu c_1:

Wird ein Betrieb bzw. ein Teilbetrieb der Land- und Forstwirtschaft nach § 14 EStG oder ein Gewerbebetrieb bzw. ein Teil davon nach § 16 EStG oder ein der selbständigen Arbeit dienendes Vermögen bzw. Teilvermögen nach § 18 Abs. 3 EStG veräußert, so entsteht in der Regel ein Veräußerungsgewinn. Er errechnet sich aus der Differenz zwischen dem Veräußerungspreis (abzüglich der Veräußerungskosten) und dem steuerlichen "Vergleichswert". Dieser Vergleichswert ist zum Stichtag der Veräußerung nach § 4 Abs. 1 oder § 5 EStG zu ermitteln. Der Veräußerungsgewinn wird der Einkommensbesteuerung unterworfen, sofern der Freibetrag (DM 30.000,-- bis zur Freigrenze von DM 100.000,--) überschritten wird. (55) In dem steuerpflichtigen Veräußerungsgewinn sind in der Regel folgende Komponenten enthalten:

1. aufgelöste stille Reserven, die durch die steuerrechtlichen Bewertungsmöglichkeiten gebildet worden sind,

2. realisierte Wertzuwächse.

Die aufgelösten stillen Reserven haben bei ihrer Bildung zu einer Minderung des steuerpflichtigen Einkommens geführt. Zum Zeitpunkt der Realisierung wird demnach die Besteuerung nur nachgeholt. In Höhe der aufgelösten stillen Reserven stellt der Veräußerungsgewinn keinen ökonomisch bedingten Wertzuwachs dar.

Ein im Verkaufsgewinn realisierter echter Wertzuwachs unterliegt der Einkommensbesteuerung. (56) Bislang blieben Gewinne (also auch der realisierte Wertzuwachs) aus der Veräußerung von Grund und Boden bei dem Personenkreis, der den steuerlichen Vergleichswert nach § 4 Abs. 1 EStG ermittelt, für die Einkommensteuer außer Ansatz. Wie jedoch das in der Presse viel beachtete Urteil des Bundesverfassungsgerichtes vom 11. 5. 1970 (57) konstatierte, ist diese generelle Begünstigung nicht mit dem Grundsatz der Gleichheit im Sinne des Grundgesetzes Art. 3 Abs. 1 vereinbar. Durch den Rechtsspruch, der zu einer Revision des § 4 Abs. 1 Satz 5 EStG geführt hat, (58) werden somit ab sofort Wertzuwächse auch in diesem Bereich erfaßt und der Besteuerung unterworfen. Es dürften jährlich Wertzuwächse von mehreren Millionen DM durch diese Gesetzesänderung in die Einkommensbesteuerung einbezogen werden. (59)

Betriebliche Veräußerungsgewinne entstehen aber nicht nur bei der Veräußerung von ganzen Betrieben oder Teilbetrieben. Es ist noch eine Reihe von Varianten denkbar. Ob Wertzuwächse auch hier in derselben Konsequenz der Einkommensbesteuerung unterworfen werden, soll nun geprüft werden.

Der Paragraph 16 Abs. 1 Nr. 2 und 3 EStG nennt beispielsweise die Veräußerung eines Mitunternehmeranteils bzw. des Anteils eines persönlich haftenden Gesellschafters einer KGaA. Auch diese Fälle behandelt das Gesetz wie Betriebsveräußerungen. Trennt sich ein Betrieb von einer 100%igen Beteiligung an einer Kapitalgesellschaft, so ist dies ebenfalls als Veräußerung eines Betriebes bzw. Teilbetriebes anzusehen und hinsichtlich der Behandlung der Wertzuwächse nicht anders zu beurteilen als die Betriebs- oder Teilbetriebsveräußerung selbst. "Als Veräußerung gilt auch die Betriebsaufgabe."(60) Gleichgelagerte Fälle sind die Betriebsverpachtung bei vorheriger Übernahme des Betriebsvermögens ins Privatvermögen und die unentgeltliche Übertragung von Betrieben, Teilbetrieben und Mitunternehmeranteilen, wenn die Wirtschaftsgüter des Betriebsvermögens einzeln oder getrennt übertragen werden. Eine Übernahme des Betriebsvermögens ins Privatvermögen setzt eine Bewertung zum gemeinen Wert und Versteuerung des Differenzgewinnes voraus. Die unentgeltliche Übertragung einzelner Wirtschaftsgüter wird gesetzlich behandelt wie die Betriebsaufgabe (§ 16 Abs. 3 EStG).

Ist die Betriebsverpachtung mit einer Fortführung des Betriebsvermögens verbunden, geht also das Betriebsvermögen nicht ins Privatvermögen über, so kommt es (abgesehen davon, daß die Pachteinnahmen weiterhin Einkünfte aus Gewerbebetrieb sind) nicht zu einer Besteuerung der stillen Reserven und der Wertzuwächse. Die unentgeltliche Übertragung von Betrieben, Teilbetrieben und Mitunternehmeranteilen führt zu einer Beibehaltung der Buchwerte und somit zu keiner Erfassung der Wertzuwächse, sofern die wesentliche Geschäftsgrundlage übertragen wurde. (61)

Weitere Varianten, bei denen betriebliche Veräußerungsgewinne mit unterschiedlicher einkommensteuerlicher Konsequenz entstehen können, sind

1. Umwandlungen der Unternehmensform und
2. Fusionen.

Es handelt sich hier ausnahmslos um Sonderfälle der Bewertung, wie sie bereits bei anderer Gelegenheit angesprochen wurden. Die Umwandlung der Rechtsform einer Unternehmung kann je nach individueller Ausgestaltung ein gewinnrealisierender Vorgang oder ein nicht-gewinnrealisierender Vorgang sein. In dem einen Fall sind die Wirtschaftsgüter in der Regel mit dem gemeinen Wert oder ihm angenäherten Werten anzusetzen; im anderen Fall werden die Buchwerte fortgeführt. (62) Der Ausweis eines Veräußerungsgewinns zuzüglich der eingeschlossenen Wertzuwächse ist im allgemeinen immer dann angezeigt, wenn er einem späteren steuerlichen Zugriff endgültig verlorengehen würde, z. B. bei Einbringung einer inländischen Firma in eine ausländische.

Bei der Fusion sind ebenfalls gemeiner Wert und Buchwert als Wertansatz möglich. Konkret ist die Bewertung vom jeweilig zugrundeliegenden Fall abhängig. (63)

Eine Fortführung der Buchwerte verhindert in jedem Fall die Erfassung und steuerliche Belastung der Wertzuwächse. In dem Ausmaß, in dem sich die Bewertung zeitnahen Werten (Verkehrswerten) annähert, kommt es auch auf der Basis des letzten Bilanzansatzes zu einer Erfassung entstandener Wertzuwächse.

Eine besondere Stellung nehmen die Wirtschaftsgüter ein, die in der Bilanz keinen Wertansatz finden, aber für eine Bewertung der ganzen Unternehmung wichtig sind. Das können u. a. sein: der originäre Firmenwert, die Standortvorteile, die Sortimentsstruktur, das Personal usw.

Hier ist nun zu klären, ob bei Veräußerungsgeschäften Wertzuwächse selbst solcher Wirtschaftsgüter erfaßt und besteuert werden, für die kein Vergleichswert im einkommensteuerrechtlichen Sinne vorliegt. Wenn man von der Tatsache ausgeht, daß ein Gesamtkaufpreis für alle Wirtschaftsgüter vorliegt, könnte die Fiktion weiterhelfen, daß der Fiskus für die außer Ansatz bleibenden Wirtschaftsgüter lediglich den Wert gleich Null annimmt. Dadurch werden sämtliche Wertzuwächse rein technisch nur bei der Veräußerung der bilanzierten Güter erfaßt, obwohl sie nicht im vollen Umfang hier entstanden sind.

Zu c_2):

Gewinne aus der Veräußerung von Privatvermögen sind lediglich in den folgenden beiden Fällen von einkommensteuerrechtlicher Relevanz:

1. Veräußerung von Anteilen an Kapitalgesellschaften bei wesentlicher Beteiligung und
2. Veräußerung als Spekulationsgeschäft.

Die Gewinne aus der Veräußerung von wesentlichen Beteiligungen (64) werden nur dann von der Einkommensteuer erfaßt, wenn

(a) der Veräußerer innerhalb der letzten fünf Jahre vor der Veräußerung am Kapital der Gesellschaft wesentlich beteiligt war (65),
(b) der Nennbetrag der im Veranlagungszeitraum verkauften Anteile 1 % des Kapitals der Gesellschaft überschreitet (66),
(c) kein Spekulationsgeschäft vorliegt. (67)

Der steuerpflichtige Veräußerungsgewinn errechnet sich nach folgender Formel:

Veräußerungserlös ./. Veräußerungskosten	=	Nettoveräußerungserlös
	./.	Anschaffungskosten
	=	Veräußerungsgewinn
	./.	Freibetrag (68)
	=	steuerpflichtiger Veräußerungsgewinn

In dem steuerpflichtigen Veräußerungsgewinn sind entstandene Wertzuwächse auf jeden Fall eingeschlossen; sie unterliegen somit auch der Besteuerung. Trifft eine der genannten Bedingungen nicht zu (z. B. bei Veräußerung von Kapitalanteilen, die nicht größer als 1 % des Nennkapitals der Kapitalgesellschaft sind und außerhalb der Spekulationsfrist getätigt werden), so liegt nach dem Einkommensteuerrecht kein steuerpflichtiger Veräußerungsgewinn vor. Dies bedeutet, daß realisierte Wertzuwächse nicht erfaßt und auch nicht besteuert werden.

Veräußerungsgeschäfte, die innerhalb eines bestimmten Zeitraumes von der Anschaffung bis zur Veräußerung getätigt werden, führen gemäß § 23 EStG zu Spekulationsgewinnen oder -verlusten. Bei Grundstücken beträgt die Spekulationsfrist 2 Jahre und bei anderen Wirtschaftsgütern, insbesondere Wertpapieren, beträgt sie 6 Monate. (69)

Da sich der Spekulationsgewinn als der Unterschiedsbetrag zwischen Anschaffungs- bzw. Herstellungskosten und den Werbungskosten einerseits und dem Veräußerungspreis andererseits ergibt, werden realisierte Wertzuwächse in dem Maße erfaßt, wie die Differenz Ausdruck einer veränderten Wertschätzung ist. Innerhalb der angegebenen Fristen entstandene Wertzuwächse werden besteuert; weitere Wertzuwächse bleiben von der Steuer unberührt.

Die Veräußerung eines Wirtschaftsgutes führt nicht nur je nach unterschiedlicher Zuordnung zum Betriebs- oder Privatvermögen zu einer differenzierten steuerlichen Behandlung (70), sondern auch bei unterschiedlichen Veräußerungsfristen und Vermögensgegenständen. (71)

3. Die Wertzuwachsbesteuerung in den bewertungsgesetzabhängigen Steuern

Im Bewertungsgesetz (BewG) (72) werden Wirtschaftsgüter in der Regel zu wirtschaftlichen Einheiten zusammengefaßt. Diese werden mit einheitlichen Werten, den sogenannten Einheitswerten (73), bewertet und bilden die Besteuerungsgrundlage für mehrere Steuern. Zur Abgrenzung der wirtschaftlichen Einheiten verweist § 2 BewG 1965 auf die Verkehrsanschauung sowie auf örtliche Gewohnheit, tatsächliche Übung, Zweckbestimmung und wirtschaftliche Zugehörigkeit der einzelnen Wirtschaftsgüter. In einem selbständigen Verfahren werden gemäß § 214 AO die Einheitswerte festgestellt für

- Betriebe der Land- und Forstwirtschaft,
- Grundstücke des Grundvermögens,
- Gewerbliche Betriebe,
- Betriebsgrundstücke,
- Mineralgewinnungsrechte.

Die wirtschaftliche Einheit ist gemäß § 2 Abs. 1 Satz 2 BewG 1965 im ganzen zu bewerten. "Das bedeutet, daß der Wert einer aus mehreren Wirtschaftsgütern bestehenden wirtschaftlichen Einheit nicht einfach durch Zusammenzählen der Einzelwerte der zur wirtschaftlichen Einheit gehörenden Wirtschaftsgüter gebildet wird, sondern daß unmittelbar der Gesamtwert der wirtschaftlichen Einheit zu ermitteln ist."(74) Unter Umständen werden die Einzelwerte der Wirtschaftsgüter als Hilfsgrößen herangezogen.

Nach § 2 Abs. 3 BewG 1965 ist jedoch eine Bewertung einzelner Wirtschaftsgüter vorzunehmen, und zwar bei der Einheitsbewertung eines gewerblichen Betriebes (§ 109 Abs. 4 BewG 1965) und bei der Feststellung des Gesamtwertes der wiederkehrenden Nutzungen und Leistungen (§ 13 Abs. 1 Satz 1 BewG 1965). Für das sonstige Vermögen, das insbesondere für die Vermögensteuer zu bewerten ist, wird kein Einheitswert festgestellt, d.h. die Wirtschaftsgüter werden einzeln bewertet.

Aussagen über die Erfassung und Besteuerung von Wertzuwächsen können bei einer Gesamtbewertung nur für den gesamten im Einheitswert zusammengefaßten Vermögenskomplex getroffen werden, während die Einzelbewertung eine differenzierte Betrachtung für jedes Wirtschaftsgut zuläßt.

Darüber hinaus werden im Bewertungsgesetz alle wichtigen Bewertungsmaßstäbe gesetzt, die für die Bewertung der wirtschaftlichen Einheiten bzw. der einzelnen Wirtschaftsgüter maßgeblich sind und damit zur Ermittlung der Bemessungsgrundlagen mehrerer Steuern dienen. (75) Insbesondere liegt das Bewertungsgesetz den Steuern zugrunde, die volkswirtschaftliche Bestandsgrößen als Steuergegenstand haben (76), nämlich (77)

1. Vermögensteuer,
2. Grundsteuer,
3. Gewerbekapitalsteuer,
4. Erbschaft- und Schenkungsteuer.

Die Veranlagung und Erhebung der verschiedenen Steuern, denen das Bewertungsgesetz zugrunde liegt, erfolgt vorwiegend in festgelegten regelmäßigen Zeitabständen. (78) Bei den Veranlagungen sind jeweils die Bemessungsgrundlagen zu ermitteln; dies führt zur ständigen Neubewertung der Steuerobjekte. Zwischen den Stichtagen, an denen die Bewertung erfolgt, kann das Steuerobjekt sowohl substantielle als auch wertmäßige Veränderungen erfahren haben. Es ist daher zu fragen, inwieweit durch die im Bewertungsgesetz vorgegebenen Bewertungsmethoden und -maßstäbe die Vermögensveränderungen erfaßt werden und damit in die Besteuerung eingehen. Eine substantielle Vermögensänderung beeinflußt auf jeden Fall die Bewertung. Jedoch ist zu erörtern, ob und in welchem Umfang Wertzuwächse, d.h. die in Geld ausgedrückten veränderten Wertschätzungen substantiell unveränderter Wirtschaftsgüter mit Hilfe der Bewertungsmaßstäbe des Bewertungsgesetzes erfaßt und somit der Besteuerung zugeführt werden können.

a) Die Bewertungsmaßstäbe im Bewertungsgesetz

Das Bewertungsgesetz (79) kennt verschiedene Bewertungsmaßstäbe (80):

aa) Gemeiner Wert (§ 9 BewG) mit den besonderen Erscheinungsformen

- Kurswert (§ 11 Abs. 1 BewG)
- Rücknahmepreis (§ 11 Abs. 4 BewG)
- Nennwert (§ 12 BewG)

- Rückkaufswert (§ 12 Abs. 4 BewG)
- Kapitalwert (§§ 13 bis 16 BewG)

ab) Teilwert (§ 10 BewG)

ac) Ertragswert (§ 36 BewG)

Diese Bewertungskategorien werden differenziert angewandt. (81)

Zu aa):

Der gemeine Wert stellt sich als Verkehrswert dar, mit dem alle Wirtschaftsgüter stets zu bewerten sind, sofern nicht Sonderregelungen im Bewertungsgesetz oder anderen Steuergesetzen bestehen. Dieser gemeine Wert wird durch den Preis bestimmt, der im gewöhnlichen Geschäftsverkehr nach der Beschaffenheit des Wirtschaftsgutes bei der Veräußerung zu erzielen wäre, wobei alle den Preis bestimmenden Umstände, jedoch nicht die ungewöhnlichen und persönlichen Verhältnisse zu berücksichtigen sind. Nach dieser durch das Bewertungsgesetz (1965) in § 9 Abs. 2 gegebenen Definition kann es sich bei der Bewertung der Wirtschaftsgüter nach dem gemeinen Wert nur um eine zeitnahe Wertfeststellung handeln. Substanzzugänge und Wertzuwächse der Vermögensgegenstände gehen in die Bemessungsgrundlage der jeweiligen Steuer ein. Läge der Bewertung aller Wirtschaftsgüter (bzw. der wirtschaftlichen Einheiten) der gemeine Wert als alleiniger Maßstab zugrunde, so gäbe es mithin eine gleichmäßige Erfassung (82) der Wertzuwächse.

Jedoch wird der gemeine Wert vielfach durch Hilfsgrößen (Kurs-, Nenn-, Rückkaufs-, Kapitalwert, Rücknahmepreis) und andere Bewertungsmaßstäbe (Teilwert und Ertragswert) ersetzt. Ausdrücklich gilt er nur in den Bewertungsfällen (83) folgender Vermögensgüter:

1. Anteile an Kapitalgesellschaften (§ 11 Abs. 2 BewG)

2. Wiederkehrende und lebenslängliche Nutzungen und Leistungen (§ 13 Abs. 3, § 14 Abs. 5 BewG)

3. Mineralgewinnungsrechte und aus dem Eigentum fließende Berechtigungen zur Gewinnung der Bodenschätze (§ 100 Abs. 1 und 2 BewG)

4. Grundstücke, die nach dem Sachwertverfahren (84) zu bewerten sind (§ 90 Abs. 1 BewG)

5. Ausländisches land- und forstwirtschaftliches Vermögen, Grund- und Betriebsvermögen (§ 31 Abs. 1 BewG)

Der Kurswert (§ 11 Abs. 1 BewG) ist der Wertansatz für Wertpapiere und Schuldbuchforderungen, die am Bewertungsstichtag an einer deutschen Börse zum amtlichen Handel zugelassen oder in den geregelten Freiverkehr einbezogen sind. Der Rücknahmepreis (§ 11 Abs. 4 BewG) gilt als entsprechender Wertmaßstab für Investmentpapiere. Diese zwei besonderen Erscheinungsformen des gemeinen Wertes repräsentieren zeitnahe Werte. Sie werden alljährlich vom Bundesminister der Finanzen nach effektiven Börsennotierungen neu ermittelt und im Bundesanzeiger veröffentlicht. (85) Sie sind für eine genaue Erfassung von Wertzuwächsen geeignet.

Mit dem Nennwert (§ 12 Abs. 1 BewG) werden grundsätzlich alle Kapitalforderungen angesetzt, es sei denn, besondere Umstände (z. B. Unverzinslichkeit, niedrige oder hohe Verzinsung, Kündigungsbeschränkungen hinsichtlich der Realisierbarkeit, Uneinbringlichkeit usw.)(86) begründen einen höheren oder niedrigeren Wertansatz. (87) Der Rückkaufswert (§ 12 Abs. 4 BewG) ist neben dem sog. "Zweidrittel-Wert" der Bewertungsmaßstab für noch nicht fällige Ansprüche aus Lebens-, Kapital- und Rentenversicherungen.

Nennwert und Rückkaufswert sind Bewertungskategorien, die bestimmte Vermögensgegenstände mit einem gegenwärtigen Wert erfassen. Sofern sich die Wertschätzung jener Vermögen mit dem Zeitablauf verändert, wird sie in diesen beiden besonderen Erscheinungsformen des gemeinen Wertes einen Niederschlag finden.

Wiederkehrende und lebenslängliche Nutzungen und Leistungen werden gemäß §§ 13 bis 16 BewG mit dem Kapitalwert bewertet. Auch hier soll es sich um eine zeitnahe Bewertung handeln. Ob dies für jeden einzelnen Bewertungsfall immer zutrifft, erscheint zweifelhaft, denn die Ermittlung des Kapitalwertes beispielsweise einer Leibrente setzt u. a. voraus, daß die Lebenszeit der Person genau bekannt ist.

Zu ab):

Der Teilwert wird nach § 10 BewG definiert als der Betrag, der beim Erwerb eines ganzen Unternehmens für ein einzelnes Wirtschaftsgut anzusetzen wäre, wenn der Gesamtkaufpreis anteilig auf alle Wirtschaftsgüter verteilt würde. Bei der Wertermittlung nach dem Teilwert wird unterstellt, daß der Erwerber das Unternehmen fortführt. Demnach müßte jedes Wirtschaftsgut je nach Betriebszugehörigkeit einen individuellen Wert besitzen, denn die Ertragskraft des Unternehmens, die den Gesamtkaufpreis entscheidend beeinflußt, ist unterschiedlich. Wegen der bewertungstechnischen Schwierigkeiten hat sich der Teilwert in der Besteuerungspraxis zu einem Bewertungsmaßstab herausgebildet, der weitgehend an objektive Wertkriterien (z. B. Anschaffungs-, Herstellungskosten, Einzelveräußerungspreis) anschließt. (88)

Da Teilwerte in den Wiederbeschaffungskosten für Wirtschaftsgüter gleicher Art und Güte am Feststellungszeitpunkt ihre obere Grenze finden, (89) können Wertzuwächse in voller Höhe erfaßt werden, wenn die betreffenden Wirtschaftsgüter im Unternehmen voll genutzt werden. Bei teilweiser Nutzung der Wirtschaftsgüter liegt der anzusetzende Teilwert unter den Wiederbeschaffungskosten, so daß Wertzuwächse nicht oder nur begrenzt eingeschlossen sind.

Nicht alle zum gewerblichen Betrieb gehörenden Vermögensteile werden mit dem Teilwert angesetzt: Gemäß § 109 Abs. 2 bis 4 BewG gelten für bestimmte Wirtschaftsgüter (z. B. Betriebsgrundstücke, Wertpapiere, Anteile an Kapitalgesellschaften usw.) Ausnahmeregelungen. (90)

Zu ac):

Der Ertragswert, mit dem gemäß § 36 BewG der Wirtschaftsteil (91) der land- und forstwirtschaftlichen Vermögen anzusetzen ist, wird durch die Ertragsfähigkeit und nicht durch den individuell erzielten Ertrag des land- und forstwirtschaftlichen Betriebes bestimmt. Diese Ertragsfähigkeit ist ein normierter Reinertrag, der sich bei ordnungsmäßiger und schuldenfreier Bewirtschaftung mit entlohnten fremden Arbeitskräften gemeinhin nachhaltig erzielen ließe. (92) Der durch ein vergleichendes Verfahren ermittelte Ertragswert (93) entspricht nicht dem Wertansatz nach der allgemeinen Verkehrsauffassung, der seinen Ausdruck im gemeinen Wert fände; denn die land- und forstwirtschaftliche Nutzung von Vermögen führt zu einer niedrigeren steuerrechtlichen Ertragsfähigkeit als andere Nutzungsarten (z. B. als Grund- und Betriebsvermögen). Im Rahmen der Bewertung mit dem Ertragswert können demnach veränderte Wertschätzungen des land- und forstwirtschaftlichen Wirtschaftsteiles nicht erfaßt werden.
Der Ertragswert und der gemeine Wert stehen in keiner Beziehung zueinander.

Die besondere Konstruktion der Bewertung land- und forstwirtschaftlichen Vermögens mit dem Ertragswert führt über die erniedrigte Bemessungsgrundlage zu einer geringen Steuerbelastung. Eine weitere Privilegierung muß noch darin gesehen werden, daß Wertzuwächse des Wirtschaftsteiles nicht in die Steuerbemessungsgrundlage eingehen können.

Dieser Steuervorteil trifft auch für Betriebsgrundstücke zu, die - losgelöst von ihrer Zugehörigkeit zum gewerblichen Betrieb - einen Betrieb der Land- und Forstwirtschaft bilden würden. (94) Der Wirtschaftsteil dieser Betriebsgrundstücke ist nämlich mit dem Ertragswert anzusetzen.

Die drei Bewertungsmaßstäbe mit ihren besonderen Erscheinungsformen und Modifikationen werden nur dann angewandt, wenn das Steuerrecht einen entsprechenden Wertansatz vorschreibt. Gewisse Vermögensgegenstände werden unter bestimmten Bedingungen ausdrücklich von einer Bewertung ausgenommen: Beispielsweise entfällt ein Wertansatz für Vermögensgegenstände, deren Erhaltung im öffentlichen Interesse liegt (§ 115 Abs. 2 bis 4 BewG 1965). Weitere Befreiungen finden sich im Bewertungsgesetz 1965 noch in § 101 (vgl. Abschnitt 24 VStR), § 114 (vgl. Abschnitt 92 VStR), § 115 Abs. 2-4 (vgl. Abschnitt 94 VStR), § 116 (vgl. Abschnitt 95 VStR) und § 117 Abs. 1 Ziff. 2.

Es ist festzustellen, daß das Bewertungsgesetz nach § 111 bestimmte Wirtschaftsgüter nicht zu einer Vermögensart zählt. Darüber hinaus finden wichtige Vermögenskomponenten im Bewertungsgesetz keinen Ausdruck: Hier sei das sogenannte Arbeitsvermögen erwähnt, das durch Investitionen im Menschen (Ausbildung, Erziehung) entsteht und durch seinen Einsatz der Einkommenserzielung dient. (95) Dieses wäre durchaus einer Bewertung zugänglich.

Sofern die steuerbefreiten und die im Steuergesetz unberücksichtigten Vermögen durch veränderte Wertschätzungen Wertzuwächse erfahren, können diese folglich überhaupt nicht erfaßt werden.

Im Rahmen der Freigrenzen und der Freibeträge, die das Bewertungsgesetz in differenzierter Form kennt (96), werden Wertzuwächse ebenfalls nicht in die Besteuerung einbezogen.

Der zeitliche Rhythmus der Hauptfeststellungen (97) für einzelne Vermögensarten ist verschieden lang. So sollen gemäß § 21 BewG 1965 die Einheitswerte (98) für

1. Grundbesitz (99) und Mineralgewinnungsrechte alle sechs Jahre und
2. wirtschaftliche Einheiten des Betriebsvermögens alle drei Jahre

festgestellt werden. Daher können die Wertzuwächse jener Wirtschaftsgüter nur in unterschiedlichen Zeitabständen der Besteuerung zugeführt werden. Die zeitliche Abfolge der Bewertung ist ein Differenzierungsmerkmal der Wertzuwachserfassung und -belastung. - Für Grundbesitz und Mineralgewinnungsrechte liegen heute noch die Einheitswerte zugrunde, die auf den Wertverhältnissen des Jahres 1935 basieren. Jene Einheitswerte sind nicht dem Gesetz entsprechend alle sechs Jahre neu ermittelt worden. Die zuletzt auf dem Wertniveau des Jahres 1964 festgestellten Einheitswerte werden erst ab 1. 1. 1974 Gültigkeit erlangen. (100)

Eine Wertfortschreibung (§ 22 Abs. 1 BewG 1965) ermöglicht nach Überschreiten bestimmter Wertgrenzen (101) innerhalb eines Hauptfeststellungszeitraumes die Einheitswerte zu verändern. Die besondere Ausgestaltung der Einheitswerte als Dauerwerte bedingt jedoch, daß Wertfortschreibungen an bestimmte Voraussetzungen geknüpft sind. So kann sich beispielsweise ein Einheitswert für Grundvermögen nur infolge geänderter (Ertrags-)Verhältnisse, nicht aber auf Grund geänderter (Markt-)Wertverhältnisse verschieben. Zwar schlägt eine Änderung der tatsächlichen (Ertrags-)Verhältnisse sich in einer Veränderung der (Markt-)Wertverhältnisse nieder, es besteht also eine gewisse Korrelation, jedoch finden durch andere Faktoren verursachte Veränderungen der Knappheitsrelationen keinen Zugang zum Einheitswert. Diese eingebauten Sperren in der Wertfortschreibungsklausel bedingen eine zum Marktwert vergleichsweise große Starrheit der Einheitswerte.

Änderungen in Art und Zurechnung der Wirtschaftsgüter (§ 216 Abs. 1 Ziff. 1 und 2 AO) innerhalb eines Hauptfeststellungszeitraumes bedingen eine Art- oder eine Zurechnungsfortschreibung gemäß § 22 Abs. 2 BewG 1965. Auf die Erörterung technischer Einzelheiten soll verzichtet werden. (102) Die Zurechnungsfortschreibung fällt ohnehin wegen der grundsätzlichen Weiterführung der Einheitswerte aus der Betrachtung heraus. Die Artfortschreibung, bei der die Änderung in der Art der Wirtschaftsgüter (z. B. Umwandlung land- und forstwirtschaftlicher Vermögen in Grundvermögen) noch am ehesten zu einer Änderung der Einheitswerte und damit gleichzeitig zu einer Berücksichtigung der (mit der Umwandlung evtl. verbundenen) Wertzuwächse führen kann, soll ebenfalls nicht näher erläutert werden; denn die Tatsache, daß durch eine Erhöhung der Einheitswerte sporadisch und mehr oder weniger zufällig auch Wertzuwächse miterfaßt werden, täuscht nicht darüber hinweg, daß niedrige und auch hohe Einheitswerte vor allem für Grundvermögen von ihrer ganzen Konzeption her keine marktbedingten Knappheitsverhältnisse wiedergeben können. Falls Wirtschaftsgüter betroffen sind, die durch die Vorschriften des Bewertungsgesetzes ohnehin zeitnah bewertet werden, ändert auch eine Artfortschreibung nichts an diesem Wertansatz, so daß eine Erfassung von Wertzuwächsen nicht nur unterbleibt, sondern gänzlich überflüssig wird.

Eine Nachfeststellung gemäß § 23 BewG 1965 kann zu einer Erfassung von Wertzuwächsen der Vermögensgegenstände führen, für die beispielsweise der Grund für die Befreiung einer Steuer bis zum Zeitpunkt der letzten Hauptfeststellung vorlag, aber nachträglich entfallen ist. (103)

Nachdem in groben Zügen die Problematik einer Wertzuwachserfassung aufgezeigt worden ist, die sich aus dem Bewertungsgesetz unmittelbar ergibt, soll nunmehr versucht werden, die Besonderheiten in den Steuergesetzen darzustellen, denen das Bewertungsgesetz zugrunde liegt.

b) Die Vermögensteuer

Durch die Vermögensteuer ergeben sich weitere Abstufungen hinsichtlich der Wertzuwachserfassung und -belastung. Diese Differenzierungen haben ihre Ursache u. a. darin, daß die Steuerbemessungsgrundlage der Vermögensobjekte je nach steuerpflichtigem Personenkreis variiert.

Als steuerpflichtiges Vermögen wird gemäß § 7 VStG (104) angesehen:

"1. Bei unbeschränkt Steuerpflichtigen
a) bei natürlichen Personen der Vermögensbetrag, der nach Abzug der Freibeträge (§ 5) vom Gesamtvermögen (§ 4) verbleibt,

b) bei Kapitalgesellschaften das Gesamtvermögen, mindestens jedoch der sich aus § 6 Abs. 1 oder Abs. 1 a ergebende Vermögensbetrag,

c) bei den im § 6 Abs. 2 bezeichneten Körperschaften, Personenvereinigungen und Vermögensmassen mit mehr als 10.000 Deutsche Mark Vermögen das Gesamtvermögen;

2. bei beschränkt Steuerpflichtigen mit mehr als 2.000 Deutsche Mark Inlandsvermögen das Inlandsvermögen (§ 4)."

Nur im Rahmen des steuerpflichtigen Vermögens können Wertzuwächse von der Vermögensteuer belastet werden.

Bei unbeschränkt Steuerpflichtigen, die natürliche Personen sind, werden Wertzuwächse innerhalb der Freibetragsgrenzen (105) nicht besteuert. Dagegen unterliegen die Wertzuwächse derjenigen Vermögensgegenstände, die unbeschränkt steuerpflichtigen Kapitalgesellschaften gehören, voll der Steuerbelastung; es wird sogar ein Mindestvermögen von beispielsweise (106) DM 50.000, das in dieser Höhe gar nicht vorhanden zu sein braucht, als Bemessungsgrundlage unterstellt. Bis zu dieser Grenze werden mögliche Wertzuwächse, die das Gesamtvermögen beeinflussen, durch die Besteuerung permanent vorweggenommen. Bei den unbeschränkt steuerpflichtigen Körperschaften, Personenvereinigungen und Vermögensmassen (§ 1 Abs. 1 Ziff. 2 Buchstabe b bis f) werden Wertzuwächse nur dann erfaßt, wenn das Gesamtvermögen DM 10.000 überschritten hat. (107)

Die beschränkt Steuerpflichtigen unterliegen einer Wertzuwachsbelastung im Rahmen der Vermögensteuer nur mit ihrem Inlandsvermögen (§ 4 VStG), das über 2.000 DM liegt.

Bestimmte Vermögensträger und Vermögensgegenstände sind grundsätzlich von der Vermögensteuer befreit. (108) Wertzuwächse, die dort auftreten, können daher verständlicherweise nicht erfaßt werden. Zum Teil handelt es sich um Ausnahmen beträchtlichen Umfanges.

Geringe Befreiungen der Wertzuwachserfassung ergeben sich durch die Abrundungsregel im § 4 Abs. 2 VStG. (109)

Die Hauptveranlagung zur Vermögensteuer erfolgt alle 3 Jahre. (110) Unter der Voraussetzung, daß bei Vermögensobjekten in diesem Zeitraum Wertzuwächse aufgetreten sind, werden sie von der Vermögensteuer nur dann erfaßt, wenn sie zusammen mit den substantiellen Vermögenszugängen die Wertgrenzen für eine Neuveranlagung nach § 13 VStG überschreiten. Bleiben sie jedoch innerhalb des Hauptveranlagungszeitraumes unter den gesetzten Grenzen, so werden sie nicht erfaßt.

Nachveranlagungen gemäß § 14 VStG ermöglichen es, entstandene Wertzuwächse nach einem Hauptveranlagungszeitpunkt zu erfassen, insofern beispielsweise persönliche Befreiungsgründe fortgefallen sind. (111)

c) Die Grundsteuer

Die Grundsteuer (112) belastet den Grundbesitz (113), der das land- und forstwirtschaftliche Vermögen, das Grundvermögen und das Betriebsvermögen, soweit es in Betriebsgrundstücken besteht, umfaßt. Wertzuwächse dieser Wirtschaftsgüter werden in dem Maße von der Grundsteuer erfaßt, wie sie durch die Bewertung mit den Maßstäben des Bewertungsgesetzes in die Steuerbemessungsgrundlage eingehen.

Der Einheitswert, der für die Grundsteuer maßgeblich ist, (114) ermittelt sich nach den Wertverhältnissen im Jahre 1935. Da die Wertverhältnisse des Jahres 1935 im allgemeinen wesentlich unter denen des Jahres 1971 liegen, werden die durch veränderte Wertschätzung des Grundbesitzes entstandenen Wertzuwächse mit Hilfe der Einheitswerte nicht erfaßt. (115)

Jedoch könnten durch eine drastische Erhöhung der Hebesätze, die die Gemeinden festlegen, (116) Wertzuwächse dennoch getroffen werden, wenn die Hebesätze nämlich im Ausmaß der eingetretenen Wertsteigerungen angehoben würden. Dies geschieht jedoch nicht, weil die Gemeinden die Hebesätze nur nach ihrem Finanzbedarf ausrichten und nicht nach dem Ausmaß der entstandenen Wertzuwächse variieren.

Unabhängig von den Unzulänglichkeiten der überalterten Bewertung für einen steuerlichen Zugriff bei eventuell eingetretenen Wertzuwächsen trifft das Grundsteuergesetz durch seine besondere Konzeption weitere Differenzierungen, die steuerliche Belastungsunterschiede bei den Wertzuwächsen bewirken können. Es behandelt den Grundbesitz unterschiedlich je nach

1. Besitzer, Verwendungsart, eingeschränkter Ertragsfähigkeit durch besondere Umstände (117),
2. Grundstücks- bzw. Wertgruppen (118) und

3. Zugehörigkeit zu Gemeindegruppen. (119)

Die Unübersichtlichkeit der Wertzuwachsbelastung durch die Grundsteuer nimmt noch dadurch zu, daß das Grundsteuerrecht Mindestbesteuerungen (z. B. § 17 GrStErlV), Wertfortschreibungen (z. B. § 19 GrStErlV), Schätzungen (§ 53 GrStDV) und Nachveranlagungen des Steuermeßbetrages (§ 34 GrStDV) kennt. Wegen dieser äußerst differenzierten Behandlung lassen sich gewichtete Aussagen über die Belastung der Wertzuwächse durch die Grundsteuer kaum treffen.

d) Die Gewerbekapitalsteuer

Die Gewerbesteuerberechnung basiert gemäß § 6 GewStG (120) auf den Bemessungsgrundlagen: Gewerbeertrag, Gewerbekapital und gegebenenfalls Lohnsumme. Die Berechnung der Lohnsummensteuer richtet sich nicht nach Wertmaßstäben des Bewertungsgesetzes. Ebenso kann die Gewerbeertragsteuer nicht als bewertungsgesetzabhängige Steuer angesehen werden, weil sich der Gewerbeertrag nach den einkommensteuerrechtlichen Vorschriften ermittelt (§ 7 GewStG). Wertmaßstäbe des Bewertungsgesetzes spielen hierbei nur eine untergeordnete Rolle. (121) Es soll im folgenden nur die Gewerbesteuer nach dem Gewerbekapital im Hinblick auf die Erfassung und Belastung von Wertzuwächsen betrachtet werden.

Ausgangsbasis für die Ermittlung der Gewerbesteuer nach dem Gewerbekapital (sog. Gewerbekapitalsteuer) ist der Einheitswert des gewerblichen Betriebes, der gem. § 109 Abs. 4 BewG 1965 in Verbindung mit § 2 Abs. 3 BewG 1965 durch Addition der Einzelwerte der zum Gewerbebetrieb gehörenden Wirtschaftsgüter, abzüglich der Betriebsschulden gebildet wird. Zum Zwecke der Ermittlung des steuerpflichtigen Gewerbekapitals wird der Einheitswert durch Hinzurechnungen und Kürzungen verändert:(122)

Ausgangsgröße: Einheitswert des gewerblichen Betriebes im Sinne des Bewertungsgesetzes

\+ Hinzurechnungen
1. Verbindlichkeiten, die den Schuldzinsen, den Renten und dauernden Lasten und den Gewinnanteilen im Sinne des § 8 Ziff. 1 bis 3 GewStG entsprechen, soweit sie bei der Feststellung des Einheitswertes unberücksichtigt bleiben

2. Teilwerte der nicht im Grundbesitz bestehenden Wirtschaftsgüter, die dem Betrieb dienen, aber im Eigentum eines Dritten sind, soweit sie nicht im Einheitswert eines gewerblichen Betriebes enthalten sind (123)

./. Kürzungen
1. Summe der Einheitswerte der Betriebsgrundstücke, die im Einheitswert des Gewerbebetriebes angesetzt sind

2. Teilwerte der Beteiligungen bei Mitunternehmerschaft

3. Teilwerte der Beteiligungen an Kapitalgesellschaften, sofern mindestens 25 %

4. Teilwerte der Wirtschaftsgüter, die im Einheitswert des Gewerbebetriebes zwar enthalten sind, jedoch auf Grund gewerbesteuerlicher Vorschrift einem anderen Betrieb zugerechnet werden müssen

5. Gewerbekapital von ausländischen Betriebsstätten, sofern nicht schon im Einheitswert berücksichtigt

6. Freibetrag nach § 9 a VStG

= Gewerbekapital → Meßzahl → Steuermeßbetrag nach dem Gewerbekapital

\+

Gewerbeertrag → Meßzahl → Steuermeßbetrag nach dem Gewerbeertrag

↓

Hebesatz

↓

Gewerbesteuer

Sofern Wertzuwächse betrieblicher Vermögensgegenstände in den Einheitswert bei der Haupt- und Nachfeststellung einfließen, werden sie durch die Gewerbesteuer belastet. Allerdings ist zu berücksichtigen, daß durch die Zu- und Abrechnungen Modifikationen der Wertzuwachserfassung erfolgen.

Verbindlichkeiten werden gewöhnlich mit ihrem Nennwert angesetzt (124); daher können Wertveränderungen nicht erfaßt werden. Werden jedoch Wirtschaftsgüter mit dem Teilwert bewertet (§ 12 Abs. 2 Ziff. 2 GewStG), so können Wertzuwächse einbezogen werden. Durch die Kürzungen der Einheitswerte gewerblicher Betriebe werden in dem Maße Wertzuwächse einer Erfassung vorenthalten, wie sie in den einzelnen abzusetzenden Vermögensgegenständen selbst eingeschlossen sind. In der Summe der Einheitswerte der Betriebsgrundstücke werden kaum Wertzuwächse enthalten sein. (125) Dagegen sind Wertzuwächse bei den mit dem Teilwert bewerteten Wirtschaftsgütern (§ 12 Abs. 3 Ziff. 2, 2 a, 3 GewStG) (126) einbegriffen, werden jedoch durch ihre Kürzung vom Einheitswert des Gewerbebetriebes von der Gewerbesteuer ausgeschlossen. Ebenso werden die Wertzuwächse der Gewerbekapitalsteuer entzogen, die im gemeinen Wert ausländischen Betriebsvermögens enthalten sind. Im Rahmen der nach § 12 a GewStG gewährten Freibeträge für Kapitalanlagen in Entwicklungsländern bleiben mögliche Wertzuwächse wegen der Absetzung bei der Ermittlung des Gewerbekapitals ebenfalls außer Betracht.

Im Einheitswert des gewerblichen Betriebes, der nach den Vorschriften des Bewertungsgesetzes festgestellt wird, können Wertzuwächse der verschiedenen Wirtschaftsgüter differenziert enthalten sein. Eine Modifikation der Erfassung und Besteuerung von Wertzuwächsen ergibt sich durch die Zu- und Abrechnungen bei der Ermittlung des Gewerbekapitals.

e) Die Erbschaft- und Schenkungsteuer

Der Erbschaftsteuer unterliegen gemäß § 1 ErbStG (127) die zu bewertenden Vermögenszugänge durch: a) den Erwerb von Todes wegen, b) die Schenkung unter Lebenden und c) die Zweckzuwendung. Der Wertansatz für die Ermittlung der Steuerschuld richtet sich weitgehend nach den Bewertungsvorschriften, die im Bewertungsgesetz niedergelegt sind. (128) Es erfolgt im allgemeinen eine Stichtagsbewertung zum Zeitpunkt der Entstehung der Erbschaftsteuerschuld. (129) Demnach müßten Wertzuwächse der vererbten (130) Vermögensobjekte, die seit der letzten Veranlagung zur Vermögensteuer entstanden sind, durch die Erbschaftsteuer insoweit belastet werden, wie diese Wertzuwächse durch die Bewertungskategorien des Bewertungsgesetzes erfaßt werden. Jedoch erfährt die Wertzuwachsbelastung durch die Erbschaftsteuer vielfältige Modifikationen.

Das land- und forstwirtschaftliche Vermögen, das Grundvermögen, die Betriebsgrundstücke und die Gewerbeberechtigungen sind gemäß § 23 Abs. 2 ErbStG mit dem Einheitswert anzusetzen (131), der auf den Feststellungszeitpunkt vor Entstehung der Erbschaftsteuerschuld bezogen ist. Dies bedeutet, daß in die Steuerbemessungsgrundlage Wertansätze eingehen, die auf den Wertverhältnissen im Jahre 1935 basieren. Wenn die Bedingungen für eine Wertfortschreibung am Tage der Entstehung der Steuerschuld erfüllt sind (132), erfolgt zwar eine Neufeststellung zum Stichtag, aber wiederum mit Wertvorstellungen aus dem Jahre 1935. Es werden demnach Wertzuwächse der genannten Wirtschaftsgüter nicht besteuert.

Der Grundbesitz, der außerhalb des Bundesgebietes und West-Berlins liegt, ist mit einem zeitnahen Wert, nämlich dem gemeinen Wert anzusetzen (133), so daß entstandene Wertzuwächse der Besteuerung zugeführt werden. Dieselbe Feststellung ist auch für das Betriebsvermögen (außer Betriebsgrundstücke und Gewerbeberechtigungen) und das sonstige Vermögen zu treffen, da sie ebenfalls zum Stichtag der Entstehung der Erbschaftsteuerschuld mit zeitnahen Werten bewertet werden müssen. (134)

Wertzuwächse werden gar nicht oder nur teilweise bei denjenigen Wirtschaftsgütern erfaßt und besteuert, die von der Erbschaftsteuer ausgenommen sind (135) oder nur mit einem Bruchteil ihres Wertes in die Bemessungsgrundlage eingehen. (136)

Die Erfassung und Besteuerung der Wertzuwächse differenziert sich ferner durch

(a) die Bildung der Steuerklassen nach dem Verwandtschaftsgrad des Erwerbers zum Erblasser (137),

(b) die Gewährung von Freibeträgen innerhalb der Steuerklassen (138) und

(c) die Höhe des Erwerbes. (139)

Für den Fall eines mehrfachen Erwerbes desselben Vermögens innerhalb der engeren Verwandtschaft (Steuerklasse I und II) kennt das Erbschaftsteuerrecht Vergünstigungen (140), die dazu führen, daß Wertzuwächse ab dem zweiten Erwerb nicht mehr erfaßt werden. (141)

4. Die Wertzuwachsbesteuerung im Rahmen sonstiger Steuern

In den vorangegangenen Abschnitten ist untersucht worden, inwieweit Wertzuwächse im Rahmen der gegenwärtigen Einkommens- und Ertragsbesteuerung der BRD erfaßt werden. Es ist noch die Feststellung zu treffen, daß Wertzuwächse nicht nur durch die Einkommensbesteuerung sowie die bewertungsgesetzabhängigen Steuern, sondern auch durch andere Steuern belastet werden. Dieser Tatbestand läßt sich dadurch erklären, daß durch die steuerrechtlichen Bewertungsmodalitäten die Wertsteigerungen der Wirtschaftsgüter vielfach in die Bemessungsgrundlage sonstiger Steuern eingehen und die Voraussetzungen der Wertzuwachserfassung erfüllt sind. (142) So werden beispielsweise Wertzuwächse durch folgende Steuern erfaßt:

(a) Umsatzsteuer
(b) Grunderwerbsteuer
(c) Börsenumsatzsteuer

Dagegen werden z. a. in den folgenden Steuern, die die Voraussetzungen der Wertzuwachserfassung nicht erfüllen, keine Wertsteigerungen der Wirtschaftsgüter getroffen:

Kraftfahrzeug-, Mineralöl-, Bier-, Branntwein-, Tabak- und Kaffeesteuer.

Im nachfolgenden soll kurz dargelegt werden, auf welche Weise Wertzuwächse in der Umsatz-, Grunderwerb- und Börsenumsatzsteuer erfaßt werden, ohne die vielfältigen Ausgestaltungen und Befreiungsvorschriften jener Steuern im einzelnen zu untersuchen. Ebenso bleiben die Auswirkungen eines Verzichtes auf Steuerbefreiungen unbeachtet. (143)

In der Umsatzsteuer werden die steuerpflichtigen (steuerbaren und nicht steuerbefreiten) Umsätze (145) in der Regel (146) in Höhe des vereinbarten Entgeltes (147) der Besteuerung unterzogen.

Da das Entgelt alles umfaßt, "was der Empfänger einer Lieferung oder sonstigen Leistung vereinbarungsgemäß aufzuwenden hat" (148), kann es als Marktpreis gelten, der nicht nur den durch Produktion (im weitesten Sinne) geschaffenen "Mehrwert" beinhaltet, sondern auch die Verschiebungen im Knappheitsgrad des Wirtschaftsgutes berücksichtigt. Durch diesen marktmäßigen zeitnahen Wertansatz können demnach Wertzuwächse in dem Entgelt enthalten sein und dadurch Bestandteil der Steuerbemessungsgrundlage werden. Das läßt sich durch folgendes Beispiel kurz erläutern: Ein Unternehmer (149) kauft ein Wirtschaftsgut zu 600,-- DM, das er regelmäßig zu 1.000,-- DM wieder veräußert. Nach Veränderung des Knappheitsgrades für dieses Wirtschaftsgut erzielt er 1.500,-- DM. Während die Umsatzsteuerschuld bisher bei normalem Steuersatz (150) von 11 % 44,-- DM betragen hat (110,-- DM abzüglich 66,-- DM Vorsteuer) (151), beläuft sie sich nach eingetretener Wertsteigerung auf 99,-- DM (165,-- DM abzüglich 66,-- DM Vorsteuer). Die Wertsteigerung des Wirtschaftsgutes in Höhe von 500,-- DM ist durch die Umsatzsteuer erfaßt und mit 55,-- DM belastet worden.

Im Rahmen der Umsatzsteuer werden auch Wertverluste berücksichtigt. Durch den Vorsteuerabzug kommt es sogar zu einer Steuererstattung. Der Unternehmer, der das Gut für 600,-- DM gekauft und regelmäßig für 1.000,-- DM wieder verkauft hat, muß dieses Wirtschaftsgut für 500,-- DM veräußern. Der Steuererstattungsbetrag beträgt 11,-- DM (55,-- DM abzüglich 66,-- DM Vorsteuer).

Der Grunderwerbsteuer (152) unterliegen Verkehrsvorgänge, die sich auf inländische Grundstücke beziehen (§ 1 GrEStG). Die Steuerbemessungsgrundlage ist entweder der Wert der Gegenleistung für ein Grundstück oder der Wert des Grundstücks, wenn eine Gegenleistung nicht erkennbar ist (§ 10 GrEStG). Der Wert der Gegenleistung wird in aller Regel ein zeitnaher Wertansatz sein (§ 11 GrEStG), während sich der Wert des Grundstücks am Einheitswert (Wertverhältnisse 1935) orientiert (§ 12 GrEStG). Wertzuwächse gehen daher nur dann in die Steuerbemessungsgrundlage ein, wenn der Wert der Gegenleistung als Ausdruck der marktmäßigen Wertschätzung des Grundstücks für die Besteuerung maßgeblich ist.

Gegenstand der Börsenumsatzsteuer (153) ist der Abschluß von inländischen Anschaffungsgeschäften über Wertpapiere (154) (§ 17 Abs. 1 KVStG). Steuermaßstab ist regelmäßig der vereinbarte Preis. Wenn ein solcher Preis nicht Grundlage des Geschäftsabschlusses ist, richtet sich die Steuer nach Hilfsgrößen wie etwa dem mittleren Börsen- oder Marktpreis oder dem "Wert des Wertpapiers".(155) Bei einem Wahlrecht für einen dieser Werte, oder aber bei der Befugnis eines Vertragspartners, den Leistungsumfang innerhalb bestimmter Grenzen zu bestimmen, ist der höchstmögliche Wert maßgeblich.(156) Bei Beurteilung des regelmäßigen Steuermaßstabes sowie seiner Hilfsgrößen ist ohne weiteres der Schluß zulässig, daß der Gesetzgeber beabsichtigt, einen möglichst zeitnahen Wert für die Wertpapiere zum Zeitpunkt des Geschäftsabschlusses zu ermitteln. Hinsichtlich einer Miterfassung entstandener Wertzuwächse in einer dergestalt konzipierten Steuerbemessungsgrundlage ist damit der Beweis erbracht, daß eine wie auch immer veränderte Wertschätzung der angesprochenen Wirtschaftsgüter sich voll auf die Besteuerung auswirkt.

Die hier untersuchten sonstigen Steuern geben keinesfalls einen vollständigen Überblick über die indirekte Wertzuwachsbesteuerung außerhalb der Einkommens- und Ertragsbesteuerung. Dazu wäre es erforderlich, alle Verkehrsteuern, Verbrauchsteuern usw. zu überprüfen. Davon kann jedoch hier abgesehen werden, weil die angeführten Beispiele das Prinzip der indirekten Wertzuwachserfassung durch sonstige Steuern verdeutlichen.

Umsatzsteuer (Mehrwertsteuer), Grunderwerbsteuer und Börsenumsatzsteuer haben auf Grund ihrer in der Regel zeitnah gestalteten Steuerbemessungsgrundlagen die gemeinsame Eigenschaft, Wertveränderungen der jeweils angesprochenen Wirtschaftsgüter in vollem Maße auf die Steuerbemessungsgrundlage durchschlagen zu lassen. Insofern wäre eine fast ideale indirekte Wertzuwachserfassung gegeben, sieht man einmal davon ab, daß auch die sonstigen Steuern auf Grund beispielsweise sachlicher und persönlicher Differenzierungsmerkmale oder unterschiedlicher Steuertarife keine gleichmäßige und vollständige Behandlung der Wertzuwächse gewährleisten können. Die Umsatzsteuer bietet noch den Vorteil, daß ihre besondere Technik des Vorsteuerabzuges im Falle eingetretener Wertminderungen sogar Steuererstattungen erlaubt. Der entscheidende Nachteil der hier behandelten sonstigen Steuern ist aber darin zu sehen, daß eine Besteuerung der Wertzuwächse in gänzlicher Abhängigkeit von den sehr unregelmäßig anfallenden Besteuerungsanlässen steht. Im Gegensatz zur Einkommens- und Ertragsbesteuerung fallen die sonstigen Steuern höchst unregelmäßig an.

E Bewertende Aussagen über die derzeitige Wertzuwachsbesteuerung

Im vorangegangenen Kapitel wurde nachgewiesen, daß im Steuersystem der BRD Wertzuwächse in recht differenziertem Maße einer indirekten Besteuerung unterliegen. Eine vollständige und rationale Wertzuwachsbesteuerung liegt nicht vor. Die unterschiedliche Wertzuwachsbelastung resultiert aus verschiedenartigen Tatbeständen des deutschen Steuerrechts. Soll die Wertzuwachsbesteuerung künftig rational gestaltet werden, müssen die Determinanten der gegenwärtigen Wertzuwachsbelastung umgestaltet werden. Dazu ist es erforderlich, die Faktoren der Wertzuwachsbesteuerung klar zu erkennen.

1. Die Determinanten der differenzierten Wertzuwachsbesteuerung

Die derzeitige Wertzuwachsbelastung ist das Resultat mannigfaltiger und unterschiedlicher Einflußfaktoren. Nicht immer läßt sich sagen, welcher der verschiedenen Faktoren den größten Einfluß ausübt, weil zwischen ihnen zum Teil eine wechselseitige Abhängigkeit besteht. Daher sei aus der folgenden Reihenfolge der Erörterung nicht unbedingt eine generelle Rangfolge abzuleiten.

Aus der Vielfalt der Faktoren sollen nur die wichtigsten hervorgehoben werden:

Übersicht 4: Die Determinanten der Wertzuwachsbelastung

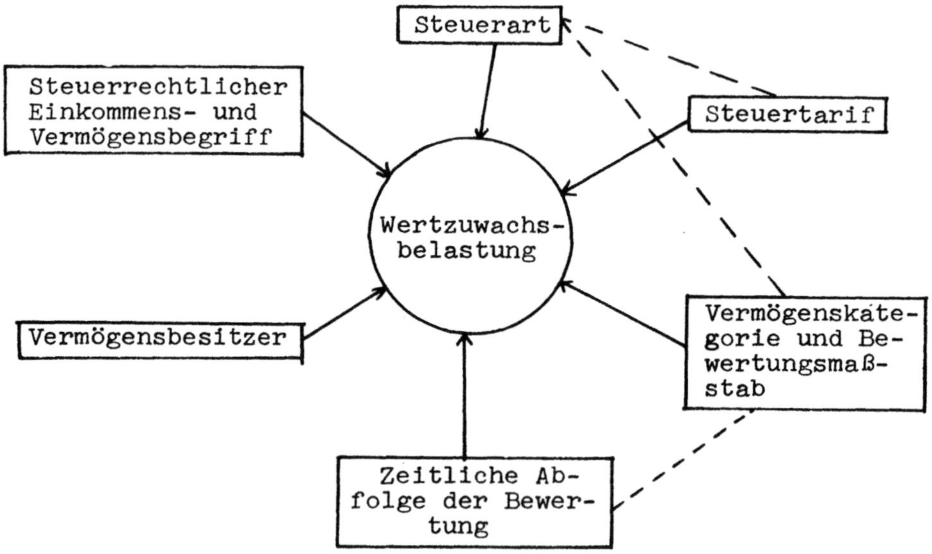

a) Steuerrechtlicher Einkommens- und Vermögensbegriff
b) Steuerart
c) Steuertarif
d) Vermögenskategorie und Bewertungsmaßstab
e) Zeitliche Abfolge der Bewertung
f) Vermögensbesitzer

a) Der steuerrechtliche Einkommens- und Vermögensbegriff

Die Besteuerung der bei Wirtschaftsgütern entstandenen Wertzuwächse hängt u. a. davon ab, ob jene Wirtschaftsgüter zum steuerbaren und steuerpflichtigen Vermögen gerechnet werden, und zum anderen, ob die Wertzuwächse im steuerrechtlichen Einkommensbegriff eingeschlossen sind.

a_1) Einkommensteuer

Nach dem geltenden Einkommensteuerrecht werden Wertzuwächse nicht ausdrücklich zu den Bestandteilen des steuerpflichtigen Einkommens gerechnet, wie dies Schanz 1896 vorgeschlagen hatte. (157) Nur die Wertzuwächse derjenigen Wirtschaftsgüter, die veräußert worden sind (158), gehen in den Periodengewinn und damit in die Besteuerung ein. Nichtrealisierte Wertzuwächse gehören nicht zum Umfang des Einkommens; lediglich durch die bewertungsrechtliche Möglichkeit, bei gewissen Wirtschaftsgütern im Maße vorheriger Teilwertabschreibungen (= nicht-realisierte Wertverluste) wieder bis zur Höhe der Anschaffungs- oder Herstellungskosten Zuschreibungen vornehmen zu können, werden nicht-realisierte Wertzuwächse im Einkommensteuerrecht erfaßt. (159)

Durch die Einkommensteuer werden die Wertzuwächse all der Wirtschaftsgüter unberücksichtigt gelassen, die nicht zu einem der Einkommensermittlung dienenden Vermögensvergleich herangezogen werden, wie z. B. der originäre Firmenwert. (160)(161)

a_2) Bewertungsgesetzabhängige Steuern

Sollen die Wertzuwächse aller Wirtschaftsgüter der Besteuerung zugeführt werden, so ist es unumgänglich, zunächst einen alle Wirtschaftsgüter umfassenden steuerrechtlichen Vermögensbegriff zu bilden. Jedoch ist der Umfang des steuerrechtlichen Vermögensbegriffs in den hier angesprochenen Steuerarten ebenso lückenhaft definiert wie im Einkommensteuerrecht. (162) In den vom Bewertungsgesetz geschaffenen vier Vermögenskategorien (163) sind u. a. folgende Wirtschaftsgüter, die durchaus Vermögenscharakter besitzen und bei denen Wertzuwächse auftreten können, nicht enthalten:

1. Wirtschaftsgüter, die gemäß Abschnitt 53 VStR nach der Verkehrsauffassung nicht für selbständig bewertungsfähig angesehen werden können, z. B. originärer Geschäfts- und Firmenwert.

2. Rechtsansprüche nach § 111 Ziff. 1 bis 9 BewG 1965, z. B. Ansprüche an Witwen-, Waisen- und Pensionskassen, Ansprüche aus der Sozialversicherung, der Arbeitslosenversicherung usw. Der privaten Altersversorgung dienende Versicherungsansprüche sind hingegen im steuerlichen

Vermögensbegriff enthalten.

3. Hausrat und bewegliche körperliche Gegenstände gemäß § 111 Ziff. 10 BewG 1965, soweit sie nicht dem sonstigen Vermögen nach § 110 BewG 1965 zuzurechnen sind. (164)

4. Kunstgegenstände deutscher Künstler, die noch leben oder seit nicht mehr als 15 Jahren verstorben sind (§ 110 Abs. 1 Ziff. 12 Satz 2 BewG 1965).

5. Arbeitsvermögen, das durch Investitionen im Menschen geschaffen wird und durch seinen Einsatz der Einkommenserzielung dient. (165)(166)

b) Die Steuerart

Die (monetär) bewerteten Wirtschaftsgüter werden, steuertechnisch gesehen, entweder direkt als Steuerobjekt (z. B. Grundsteuer) oder als Hilfsgrößen für die Ermittlung eines Steuerobjektes (z. B. Einkommensteuer, Körperschaftsteuer, Vermögensteuer, Erbschaftsteuer) herangezogen. Weisen die Wirtschaftsgüter im Zeitablauf Wertzuwächse auf, so gehen diese jeweils in die Steuern ein, denen die bewerteten Wirtschaftsgüter im steuertechnischen Sinne dienen. Die gesamte steuerliche Belastung des Wertzuwachses eines Wirtschaftsgutes hängt davon ab, im Rahmen welcher Steuer bzw. welcher Vielzahl von Steuern jenes Wirtschaftsgut erfaßt wird. So ist demnach eine einmalige oder eine mehrfache Belastung des Wertzuwachses eines Wirtschaftsgutes denkbar. Es könnten beispielsweise Wertzuwächse von Aktien nur durch die Vermögensteuer berücksichtigt werden (167) oder unter bestimmten Voraussetzungen zusätzlich noch durch die Gewerbesteuer (168) und die Einkommensteuer. (169)

Im Rahmen der einzelnen Steuern werden die Wertzuwächse der Wirtschaftsgüter unterschiedlich behandelt, d. h. die Steuerarten geben Aufschluß über weitere Bestimmungsgrößen der Wertzuwachsbelastung der Wirtschaftsgüter. Eine dieser Bestimmungsgrößen ist der Steuertarif.

c) Der Steuertarif

Er determiniert vielfach im Zusammenspiel mit der Höhe der Steuerbemessungsgrundlage (z. B. gesamtes steuerpflichtige Einkommen und Vermögen) die Wertzuwachsbelastung.

c_1) Einkommen-, Körperschaft- und Gewerbeertragsteuer

In der Einkommensteuer unterliegt das steuerpflichtige Einkommen, in dem Wertzuwächse enthalten sein können, einem Progressionstarif. Ein durch die Einkommensermittlung erfaßter Wertzuwachs wird demnach je nach der Höhe des insgesamt zu versteuernden Einkommens unterschiedlich stark belastet (170):

Tab. 1: Der Einfluß von Steuertarif und Einkommenshöhe auf die Wertzuwachsbelastung in der Einkommensteuer

Einkommen gemäß § 32 Abs. 1 EStG	Darin erfaßter Wertzuwachs	Einkommensteuerschuld gemäß Anlage (ESt-Tabelle) zu § 32 a EStG	Wertzuwachsbelastung
DM	DM	DM	%
1.000	1.000	-	-
10.000	1.000	1.609	16,09
50.000	1.000	16.985	33,97
100.000	1.000	41.815	41,815
150.000	1.000	68.219	45,479
500.000	1.000	253.719	50,743

Juristische Personen, die körperschaftsteuerpflichtig sind, werden im allgemeinen unabhängig von der Höhe des erzielten Einkommens mit konstanten Steuersätzen (z.B. 51 % für thesaurierte, 15 % für ausgeschüttete Gewinne usw.)(171) besteuert. Nur die einbehaltenen Gewinne der "personenbezogenen Kapitalgesellschaften" (172) unterliegen einem gestaffelten Tarif (Stufensatztarif)(173). Die Belastung der Wertzuwächse, die in dem Einkommen enthalten sind, gestaltet sich gemäß § 19 Abs. 1 Ziff. 2 KStG wie folgt:

Tab. 2: Der Einfluß von Steuertarif und Einkommenshöhe auf die Wertzuwachsbelastung in der Körperschaftsteuer

Einkommen gemäß §§ 5, 6 KStG	Darin erfaßter Wertzuwachs	Körperschaftsteuerschuld gemäß § 19 Abs. 1 Ziff. 2 KStG	Wertzuwachsbelastung
DM	DM	DM	%
10.000	10.000	3.900	39
20.000	10.000	8.300	41,5
30.000	10.000	13.200	44
40.000	10.000	18.600	46,5
50.000	10.000	24.500	49 x)
500.000	10.000	245.000	49 x)

x) Der Steuertarif bleibt ab einem Einkommen über 50.000 DM konstant

Die Gewerbesteuer, die sich nach dem Gewerbekapital und Gewerbeertrag (174) richtet, wird durch ein mehrstufiges Rechenverfahren ermittelt. Sowohl das Gewerbekapital als auch der Gewerbeertrag werden mit entsprechenden Meßzahlen multipliziert (175); auf die sich ergebenden Steuermeßbeträge wird nach ihrer Zusammenfassung ein Hebesatz angewandt (176), den die hebeberechtigten Gemeinden gemäß § 16 GewStG festsetzen. Die Meßzahl für die Gewerbeertragsteuer steigt (§ 11 Abs. 2 GewStG) je nach Höhe des Gewerbeertrages bei natürlichen Personen und bei Gesellschaften im Sinne des § 2 Abs. 2 Ziff. 1 GewStG allmählich von

0 % auf 5 % an (177); für andere Gewerbebetriebe beträgt diese Steuermeßzahl durchgehend 5 %. Für die im Gewerbeertrag bis zu 16.800 DM erfaßten Wertzuwächse ergibt sich für die erstgenannten Gewerbebetriebe eine offene Belastungsprogression; bei höheren Gewerbeerträgen liegt trotz konstanter Steuermeßzahl von 5 % eine indirekte Progression vor.

Tab. 3: Die effektive Wertzuwachsbelastung durch die Gewerbesteuer nach dem Gewerbeertrag

Gewerbeertrag	Darin erfaßter Wertzuwachs	Steuermeßzahl gemäß § 11 Abs. 2 GewStG	Steuermeßbetrag	Vorbelastung des WZ durch die Steuermeßzahl	Wertzuwachsbelastung bei einem Hebesatz von 240 % x)
DM	DM	%	DM	%	%
7.200	100	-	-	-	-
9.600	100	1	24	0,25	0,60
12.000	100	2	72	0,60	1,44
14.400	100	3	144	1,00	2,40
16.800	100	4	240	1,43	3,43
20.000	100	5	400	2,00	4,80
30.000	100	5	900	3,00	7,20
50.000	100	5	1.900	3,80	9,12
100.000	100	5	4.400	4,40	10,56

x)Der Hebesatz von 240 % wird z.B. in der Stadt Köln angewandt

c_2) Bewertungsgesetzabhängige Steuern

In der Vermögensteuer unterliegen die im Wert des Gesamtvermögens erfaßten Wertzuwächse dem konstanten Steuersatz von 1 %. (178) Unter Berücksichtigung des Grundfreibetrages für natürliche Personen (179) und sonstiger Befreiungen (180) und Ermäßigungen (180) ergibt sich jedoch eine indirekte Progression der Belastung des Vermögens und der darin eingeschlossenen Wertzuwächse von 0 % bis annähernd 1 %. In der folgenden Tabelle wird für eine ledige Person der effektive Tarifverlauf der Wertzuwachsbelastung im Rahmen der Vermögensteuer dargestellt, wobei keine Altersfreibeträge berücksichtigt werden.

Tab. 4: Der Einfluß der Freibeträge auf die Wertzuwachsbelastung natür-Personen in der Vermögensteuer

Gesamtvermögen gemäß § 4 Abs. 1 VStG	Darin erfaßter Wertzuwachs	Steuerpflichtiges Vermögen gemäß § 7 Ziff. 1 a VStG	Vermögensteuerschuld gemäß § 8 VStG	Wertzuwachsbelastung
DM	DM	DM	DM	%
20.000	1.000	-	-	-
40.000	1.000	20.000	200	0,5
80.000	1.000	60.000	600	0,75
160.000	1.000	140.000	1.400	0,875
320.000	1.000	300.000	3.000	0,937

Durch die Abzugsfähigkeit der Vermögensteuer bei der Einkommensteuer wird die indirekte Progression je nach Höhe des steuerpflichtigen Einkommens und des Vermögens modifiziert. "Je nachdem, welches Verhältnis man zwischen Einkommen und Vermögen zugrunde legt, wird man Belastungsreihen bilden können, die nahezu proportional, schwach degressiv oder schwach regressiv verlaufen."(181) Die nachfolgende Tabelle 5 veranschaulicht, wie sich die effektive Wertzuwachsbelastung gestaltet, wenn bei konstantem Vermögenswert das Einkommen bzw. bei konstantem Einkommen das Vermögen variiert. Die Tabelle spiegelt nicht die Wertzuwachsbelastung bei gleichzeitiger Variation beider Bestimmungsgrößen (Einkommens- und Vermögenshöhe) wider. Unbeschränkt steuerpflichtige Kapitalgesellschaften (182) können zur Ermittlung des steuerpflichtigen Vermögens nicht wie natürliche Personen bestimmte Freibeträge geltend machen. (183) Ebenso ist gemäß § 12 Ziff. 2 KStG die Absetzung der Vermögensteuer vom Einkommen nicht gestattet. Dagegen werden diese Kapitalgesellschaften nach § 6 Abs. 1 VStG mit einem Mindestvermögen von 5.000 DM bzw. 50.000 DM zur Besteuerung herangezogen. Diese führt bei einem geringeren als dem Mindestvermögen zu einer über 1 % liegenden effektiven Belastung der tatsächlich vorhandenen Vermögensgegenstände und ihrer Wertzuwächse.

Der für die Grundsteuer geltende Tarif ist unterschiedlich gestaltet. Sofern durch die Bewertung des Grundbesitzes überhaupt Wertzuwächse erfaßt werden (184), ist ihre Belastung uneinheitlich. Um die Grundsteuerschuld zu ermitteln, ist zunächst der bewertete Grundbesitz (Einheitswert) mit einer Steuermeßzahl zu multiplizieren; der sich so ergebende Steuermeßbetrag wird dann multipliziert mit einem Hebesatz. Während der Hebesatz autonom von der Gemeinde gemäß § 21 GrStG festgesetzt wird, bestimmt sich die anzuwendende Steuermeßzahl nach den folgenden Gegebenheiten (185):

1. Besitzer, Verwendungsart, eingeschränkter Ertragsfähigkeit durch besondere Umstände,

2. Grundstücks- bzw. Wertgruppen und

3. Zugehörigkeit des Grundbesitzes zu Gemeindegruppen.

Diese Faktoren sind auch als Determinanten der Wertzuwachsbesteuerung anzusehen.

Die Steuermeßzahl für die Gewerbekapitalsteuer schwankt nicht je nach Höhe des maßgeblichen Gewerbekapitals; nur die Freigrenze (186) von 6.000 DM ist zu beachten. Die Wertzuwächse, die in dem Gewerbekapital erfaßt sein können (187) werden nur nach den maßgeblichen Hebesätzen unterschiedlich belastet.

Bei der Erbschaftsteuer ist die Wahl des anzuwendenden Tarifes gemäß § 10 ErbStG abhängig von dem verwandtschaftlichen Verhältnis des Erblassers zum Erwerber. In den fünf Steuerklassen, die mit ihren Tarifen die Verwandtschaftsgrade berücksichtigen, stuft sich die effektive Steuerbelastung der übertragenen Vermögensgegenstände je nach Freibeträgen und Freigrenzen (§§ 16 bis 18 Abs. 1 Ziff. 1 und 2 ErbStG) sowie je nach Höhe des Erwerbes (§ 11 ErbStG) weiter ab. Sind Wertzuwächse der über-

Tab. 5: Der Einfluß von Einkommens- und Vermögenshöhe auf die effektive Wertzuwachsbelastung natürlicher Personen in der Vermögensteuer

Steuerpflichtiges Vermögen gemäß § 7 Ziff. 1 a VStG+) DM	Darin erfaßter Wertzuwachs DM	Einkommen DM	ESt vor Abzug der VSt DM	ESt nach Abzug der VSt DM	Einkommensteuerersparnis DM	Vermögensteuerschuld gemäß § 8 VStG DM	effektive Gesamtvermögens DM	Belastung des Wertzuwachses %
60.000	1.000	1.700	-	-	-	600	600	0,75
60.000	1.000	5.000	627	513	114	600	486	0,608
60.000	1.000	8.000	1.197	1.083	114	600	486	0,608
60.000	1.000	20.000	4.443	4.241	202	600	398	0,498
60.000	1.000	40.000	12.458	12.195	263	600	337	0,421
60.000	1.000	80.000	31.616	31.315	301	600	299	0,374
60.000	1.000	160.000	73.519	73.201	318	600	282	0,353
20.000	1.000	40.000	12.458	12.366	92	200	108	0,27
40.000	1.000	40.000	12.458	12.287	171	400	229	0,382
60.000	1.000	40.000	12.458	12.195	263	600	337	0,421
140.000	1.000	40.000	12.458	11.841	617	1.400	783	0,489
300.000	1.000	40.000	12.458	11.152	1.306	3.000	1.694	0,529
1.000.000	1.000	40.000	12.458	8.223	4.235	10.000	5.765	0,565

+) Das steuerpflichtige Vermögen errechnet sich gemäß § 7 Ziff. 1 a VStG durch Substraktion des Freibetrages (20.000,-- DM) vom Gesamtvermögen.

gegangenen Vermögensgegenstände erfaßt worden, so führen die gestaffelten Erbschaftsteuersätze mit den Freibeträgen bei ein und demselben Wirtschaftsgut zu unterschiedlichen effektiven Belastungen. Dies wird in der folgenden Tabelle beispielhaft veranschaulicht; es werden dabei nicht berücksichtigt die Steuerbefreiung des Ehegatten (§ 16 ErbStG) sowie die sonstigen Befreiungen (§ 18 ErbStG).

Tab. 6: Die effektive Wertzuwachsbelastung in der Erbschaftsteuer

Wert des Erwerbes	Darin erfaßter Wertzuwachs	Effektive Wertzuwachsbelastung in den Steuerklassen				
		I	II	III	IV	V
DM	DM	%	%	%	%	%
1.000	1.000	-	-	-	-	-
3.000	1.000	-	-	-	-	14
10.000	1.000	-	-	6	8	14
20.000	1.000	-	-	7,5	10	16
30.000	1.000	-	4	9	12	18
50.000	1.000	2,5	6	12	16	22
100.000	1.000	4,5	9	13,5	18	24
200.000	1.000	5,5	11	16,5	22	28
500.000	1.000	7	14	21	28	34
1.000.000	1.000	9,5	19	28,5	38	44
5.000.000	1.000	12	22	34	44	51
10.000.000	1.000	14	24	38	48	57
11.000.000	1.000	15	25	40	50	60
darüber	1.000	15	25	40	50	60

d) Die Vermögenskategorie und der Bewertungsmaßstab

Im Steuerrecht werden Vermögenskategorien (Vermögensklassen, -gruppen) gebildet, denen die einzelnen Wirtschaftsgüter zum Zwecke der steuerlichen Erfassung und Bewertung zugeordnet werden. Diese Zuordnung erfolgt je nach

1. der Beschaffenheit (188) und/oder
2. der Verwendung (189) der Wirtschaftsgüter.

In vielen Fällen bestimmt die Beschaffenheit des Wirtschaftsgutes die Verwendungsmöglichkeit und damit wiederum die Zuordnung zu einer der von den Steuergesetzen geschaffenen Vermögenskategorien. Ferner wird durch den Bewertungsanlaß (190) sowie durch die Zuordnung des Wirtschaftsgutes zu einer Vermögenskategorie der Bewertungsmaßstab (und die -methode) (191) festgelegt, d.h. es wird bestimmt, was unter Umständen zu einer Einheit zusammengefaßt und wie bewertet werden soll. Liegt die Erhaltung oder die Verwendung des Wirtschaftsgutes im öffentlichen Interesse (192), so wird die Bewertung modifiziert. Es läßt sich somit eine Verknüpfung der Bewertungsmaßstäbe mit der Beschaffenheit und der Verwendung der Wirtschaftsgüter, den Vermögenskategorien und den Bewertungsanlässen feststellen.

Im Einkommensteuerrecht werden die Vermögenskategorien und die ent-

Übersicht 5: Die Verknüpfung zwischen Wirtschaftsgut, Vermögenskategorie und Bewertungsmaßstab

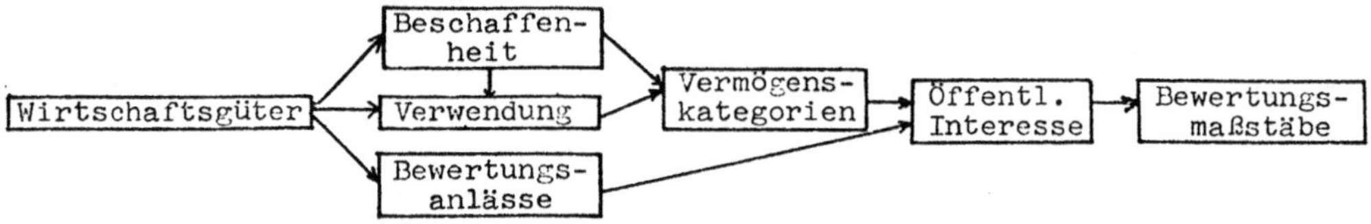

sprechenden Bewertungsmaßstäbe zu dem Zweck festgelegt, den Erfolg für einen bestimmten Zeitabschnitt durch Gegenüberstellung der Anfangs- und Endbestände zu ermitteln. "Dies führt dazu, daß bei der Gewinnermittlung nicht über den Anschaffungs- oder Herstellungsaufwand hinausgegangen werden darf (...), selbst wenn das betreffende Wirtschaftsgut am Bilanzstichtag einen wesentlich höheren Wert besitzt."(193)

Im Bewertungsgesetz hingegen werden Vermögenskategorien und Bewertungsmaßstäbe in der Regel so ausgewählt, daß für einen bestimmten Zeitpunkt die jeweiligen genauen Werte der Wirtschaftsgüter erfaßt werden, die sie am Bewertungsstichtag aufweisen.

Die Vermögenskategorien und die Bewertungsmaßstäbe werden in den Steuergesetzen leider nicht mit dem Ziel aufgestellt, Wertzuwächse zu erfassen. Daraus resultieren weitgehend die Unzulänglichkeiten der indirekten Wertzuwachsbelastung.

d_1) Einkommensteuer

Das Einkommensteuerrecht kennt zum Zwecke der Einkommensermittlung durch Vermögensvergleiche die folgenden Vermögensarten:

1. Betriebsvermögen (land- und forstwirtschaftliches Vermögen, gewerbliches Vermögen und der selbständigen Arbeit dienendes Vermögen)

2. Privatvermögen.

Die Periodengewinne werden durch die Gegenüberstellung des Betriebsvermögens zweier Bewertungsstichtage errechnet (§ 4 Abs. 1, § 5 EStG); die sonstigen Veräußerungsgewinne durch den Vergleich entweder von Betriebsvermögen (§§ 14, 14 a, 16, 18 Abs. 3 EStG) oder von Privatvermögen (§§ 17, 23 EStG).

Anderen Gewinnermittlungsmethoden außerhalb des Vermögensvergleichs und der Ermittlung von Einkünften durch die sogenannte Überschußrechnung (194) können ebenfalls Vermögen zugrunde liegen, aus denen die Einkünfte fließen (195); jedoch scheiden sie aus der Betrachtung aus, da ein Zusammenhang zwischen Entwicklung der Einkünfte und der zugrunde liegenden Vermögen allenfalls konstruiert, jedoch nicht exakt nachgewiesen werden kann. Betriebe, die ihren Gewinn nach § 4 Abs. 3 EStG ermitteln, stellen im allgemeinen keinen Vermögensvergleich an; nur im Falle der Veräußerung des Betriebsvermögens wird ein Vermögensvergleich durchgeführt. (196) "Das hat in der Weise zu geschehen, als seien sie (die Betriebe; Verfasser) im Augenblick der Veräußerung zunächst zum Vermö-

Übersicht 5: Die Zuordnung der Bewertungsmaßstäbe zu den Wirtschaftsgütern der Vermögenskategorien nach §§ 6, 14, 16, 17, 18, 23 EStG und § 7 EStDV

Wertansatz / Wirtschaftsgüter	Anschaffungs- oder Herstellungskosten (AHK): ohne Abzug der AfA	Anschaffungs- oder Herstellungskosten (AHK): mit Abzug der AfA nach § 7 EStG	fiktive AHK	Teilwert	Teilwert mit folgenden Bedingungen: Teilwert niedriger als AHK, jedoch nicht über letztem Bilanzansatz	Teilwert mit folgenden Bedingungen: Teilwert niedriger oder höher als letzter Bilanzansatz, jedoch höchstens bis AHK	Teilwert mit folgenden Bedingungen: Teilwert höchstens bis AHK	Buchwert[2]	Veräußerungspreis (abzüglich Veräußerungskosten) oder gemeiner Wert
A. Betriebsvermögen[1]									
1. Abnutzbare Anlagegüter (§ 6 Abs. 1 Ziff. 1 EStG)		x			x				
2. Andere Wirtschaftsgüter (§ 6 Abs. 1 Ziff. 2 EStG)	x					x			
3. Verbindlichkeiten (§ 6 Abs. 1 Ziff. 3 EStG)	x					x			
4. Wirtschaftsgüter bei Entnahme (§ 6 Abs. 1 Ziff. 4 EStG)				x				x	
5. Wirtschaftsgüter bei Einlage (§ 6 Abs. 1 Ziff. 5 EStG)				x			x		
6. Wirtschaftsgüter bei Betriebseröffnung (§ 6 Abs. 1 Ziff. 6 EStG)				x			x		
7. Wirtschaftsgüter bei entgeltlichem Betriebserwerb (§ 6 Abs. 1 Ziff. 7 EStG)							x		
8. Wirtschaftsgüter bei unentgeltlichem Betriebserwerb (§ 7 Abs. 1 EStDV)								x	
9. Wirtschaftsgüter bei unentgeltlicher Übernahme ins Betriebsvermögen (§ 7 Abs. 2 EStDV)			x						
10. Wirtschaftsgüter bei Betriebsveräußerung oder -aufgabe (§§ 14, 16, 18 EStG)									x
B. Privatvermögen									
1. Wirtschaftsgüter gemäß § 17 EStG									x
2. Wirtschaftsgüter gemäß § 23 EStG									x

1) Der Wertansatz der im Betriebsvermögen unter 1. bis 3. angegebenen Wirtschaftsgüter entspricht den allgemeinen Bewertungsvorschriften, der unter 4. bis 10. erwähnten Wirtschaftsgüter den besonderen Bewertungsvorschriften.

2) Der Buchwert ist bei ordnungsgemäßer Buchführung identisch mit den Anschaffungs- oder Herstellungskosten (ggfs. abzüglich der AfA) oder dem Teilwert.

gensvergleich übergegangen."(197)

Bestimmte Gruppen von Wirtschaftsgütern, die dem Betriebs- oder Privatvermögen zuzurechnen sind, werden mit unterschiedlichen Wertansätzen bewertet. Aus der Übersicht 6 (S. 49) geht hervor, wie die einzelnen Bewertungsmaßstäbe diesen Wirtschaftsgütern zuzuordnen sind.

d_2) Bewertungsgesetz

Das Bewertungsgesetz (§ 18 BewG 1965) unterscheidet:

1. das land- und forstwirtschaftliche Vermögen (§§ 33 bis 67, § 31 BewG 1965)

2. das Grundvermögen (§§ 68 bis 94, § 31 BewG 1965)

3. das Betriebsvermögen (§§ 95 bis 109, § 31 BewG 1965)

4. das sonstige Vermögen (§§ 110 bis 113 BewG 1965)

Die Vermögensarten 1 bis 3 bilden das sogenannte Sachvermögen (198), das als Inlandsvermögen oder auch als Auslandsvermögen auftreten kann.

Übersicht 7:

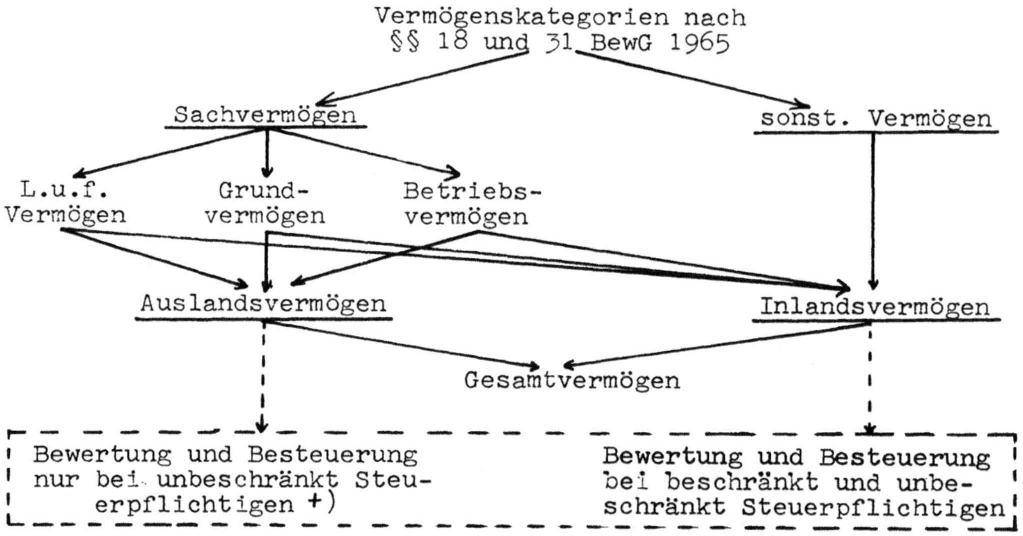

+) Hier sind nur die Vermögensteuer und gegebenenfalls die Erbschaftsteuer (§ 8 ErbStG) angesprochen.
Vgl. auch Rössler, R., und M. Troll, a.a.O., S. 259.

Die Wirtschaftsgüter, die den einzelnen Vermögenskategorien zugeordnet sind, werden mit verschiedenen Bewertungsmaßstäben gemessen, nämlich:

1. dem gemeinen Wert mit seinen besonderen Erscheinungsformen
   a) dem Kurswert
   b) Rücknahmepreis

c) Nennwert
d) Rückkaufswert
e) Kapitalwert

2. dem Teilwert
3. dem Ertragswert

Diese Bewertungsmaßstäbe finden je nach Wirtschaftsgut (Art, Beschaffenheit, Verwendung) innerhalb der Vermögenskategorien unterschiedliche Anwendung. Aus der synoptischen Übersicht 8 (S. 52 f.) läßt sich die Zuordnung der Bewertungsmaßstäbe zu den Wirtschaftsgütern der Vermögenskategorien in den wichtigsten Bewertungsfällen ablesen.

e) Die zeitliche Abfolge der Bewertung

Die Bewertung der Wirtschaftsgüter im Zeitablauf hat insofern einen Einfluß auf die Wertzuwachsbelastung, als sie die auftretenden Wertzuwächse in mehr oder weniger großen Zeitabständen der Besteuerung zuführt. Belastungsmäßig ergibt sich ein Unterschied, ob der Wertzuwachs alle 6 Jahre, alle 3 Jahre oder jährlich festgestellt und der Besteuerung zugeführt wird. Werden Wertzuwächse in relativ langen Zeitabständen festgestellt, so führt die sich anschließende Besteuerung zu einem Liquiditäts- und Zinsvorteil für den Steuerpflichtigen.

Im deutschen Steuerrecht kann zwischen

1. periodischer, d.h. in regelmäßigen Zeitabständen erfolgender Wertfeststellung und

2. aperiodischer (unregelmäßiger) Wertfeststellung

unterschieden werden.

e_1) Einkommensteuer

Für die Ermittlung der Gewinneinkünfte (199) durch Vermögensvergleich ist eine regelmäßige, in jährlichen Zeitabständen erfolgende Bewertung notwendig. Diese periodische Bewertung gestattet es in der Regel nicht, den letzten Bilanzansatz zu überschreiten. (200) Entstandene, aber nichtrealisierte Wertzuwächse gehen nicht in den Periodengewinn ein. (201) Nur die aus Anlaß einer Veräußerung (202) notwendige (aperiodische) Bewertung ermöglicht eine Wertzuwachserfassung. (203)

Durch die unterschiedliche Umschlagshäufigkeit der zum Verkauf bestimmten Güter tritt eine zeitliche Verschiebung in der Wertzuwachsbelastung ein.

e_2) Bewertungsgesetz

Nach dem Bewertungsgesetz sind die Werte der einer Vermögenskategorie zugeordneten Wirtschaftsgüter in der Regel periodisch festzustellen. Die Bewertungsintervalle sind jedoch je nach Vermögenskategorie unterschiedlich lang (204):

Übersicht 8: Die Zuordnung der Bewertungsmaßstäbe zu den Wirtschaftsgütern der Vermögenskategorien im BewG 1965

Vermögenskategorie \ Bewertungsmaßstab	Gemeiner Wert gem. § 9	Besondere Erscheinungsformen des gemeinen Wertes: Kurswert gem. §11 Abs. 4	Rücknahmepreis gem. §11 Abs. 4	Nennwert gem. § 12	Rückkaufswert gem. §12 Abs. 4	Kapitalwert gem. §§ 13-16	Teilwert gem. § 10	Ertragswert gem. § 36
A. Land- und forstwirtschaftliches Vermögen (§§ 33-67)								
1. Wirtschaftsteil (§ 34 Abs. 1 Ziff. 1; §§ 36, 46)								x
2. Wohnteil (§ 34 Abs. 1 Ziff. 2; § 47)	x							
B. Grundvermögen (§ 68-94)								
1. Unbebaute Grundstücke (§ 72 BewG; Abschnitt 7 BewRGr)	x							
2. Baureife Grundstücke (§ 73 BewG; Abschnitt 13 BewRGr)	x							
3. Bebaute Grundstücke (§ 74)								
a) Mietwohngrundstücke usw. (§ 76 Abs. 1 Ziff. 1-5; §§ 77, 78-82)	x[1]							
b) Sonstige bebaute Grundstücke (§ 76 Abs. 2 und 3; §§ 77, 83-90; Abschnitt 17 BewRGr)	x[1]							
C. Betriebsvermögen (§§ 95-109 a)								
1. Zu dem gewerblichen Betrieb gehörige Wirtschaftsgüter (§ 109 Abs. 1; Abschnitt 53 VStR), jedoch nicht:							x	
2. Betriebsgrundstücke								
a) mit Grundvermögenscharakter (§ 99 Abs. 1 Ziff. 1)	x[2]							
b) mit land- und forstwirtschaftlichem Vermögenscharakter (§ 99 Abs. 1 Ziff. 2)	x[3]							x[3]
3. Mineralgewinnungsrechte (§ 100)	x							
4. Wertpapiere								
a) zum amtlichen Börsenhandel zugelassen (§ 11 Abs. 1, § 109 Abs. 3, § 113)		x						
b) nicht zum amtlichen Börsenhandel zugelassen (§ 11 Abs. 2; Abschnitte 42, 76, 77 ff. VStR)	x							
c) Investmentzertifikate (§ 11 Abs. 4, § 109 Abs. 3, § 113)			x					
5. Kapitalforderungen (§ 12 BewG, Abschnitte 44, 55 VStR)				x				
6. Rechte aus wiederkehrenden Nutzungen und Leistungen (Abschnitte 42, 61-63 VStR)						x		
7. Schulden, Rücklagen (§ 103)								
a) Kapitalschulden (Abschnitte 44, 55 VStR)				x				

b) Verpflichtungen auf wiederkehrende Nutzungen u. Leistungen (Abschnitte 61-63 VStR)						x		
c) Sonstige Schulden und Lasten (Abschnitt 51 VStR)							x	
8. Beteiligungen an Personengesellschaften (Abschn. 17, 43 VStR)	Anteil am Einheitswert des Betriebsvermögens der betreffenden Personengesellschaft							
9. Gegenstände, deren Erhaltung im öffentlichen Interesse liegt (§ 109 Abs. 4 letzter Satz)	0 % bzw. 40 % des jeweiligen Vermögenswertes							
10. Kapitalanlagen in Entwicklungsländern (§ 1 Abs. 1 Ziff. 1, § 7 Abs. 2 Entwicklungshilfesteuergesetz)	Abschlag in bestimmten Höhen vom jeweiligen Wert des Wirtschaftsgutes							
D. Sonstiges Vermögen (§§ 110-113)								
1. Gegenstände der in § 110 Abs. 1 Ziff. 7-12 genannten Art	x							
2. Kapitalforderungen(§ 110 Abs. 1 Ziff. 1)				x				
3. Spareinlagen usw. (§ 110 Abs. 1 Ziff. 2)				x				
4. Wertpapiere (§ 110 Abs. 1 Ziff. 3)								
a) zum amtlichen Börsenhandel zugelassen (§ 11 Abs. 1; Abschnitt 74 VStR)		x						
b) nicht zum amtlichen Börsenhandel zugelassen (§ 11 Abs. 2)	x							
c) Investmentzerfifikate (§ 11 Abs. 4)			x					
5. Nießbrauchsrechte usw. (§ 110 Abs. 1 Ziff. 4)						x		
6. Erfindungen usw. (§ 110 Abs. 1 Ziff. 5 BewG; Abschn. 64 VStR)						x		
7. Noch nicht fällige Ansprüche aus Lebensversicherungen usw. (§ 110 Abs. 1 Ziff. 6)					x			
8. Gegenstände, deren Erhaltung im öffentlichen Interesse liegt (§ 110 Abs. 1 Ziff. 12 letzter Satz)	0 % bzw. 40 % des jeweiligen Vermögenswertes							

Die angegebenen Paragraphen beziehen sich auf das BewG 1965, sofern nicht ausdrücklich andere Rechtsvorschriften genannt sind.

1) Der nach dem Ertrags- oder Sachwertverfahren ermittelte gemeine Wert basiert auf Wertverhältnissen aus dem Jahre 1935.

2) Da Betriebsgrundstücke mit Grundvermögenscharakter alle Erscheinungsformen wie das Grundvermögen selbst haben können, siehe im einzelnen B. Grundvermögen.

3) Betriebsgrundstücke dieser Art werden wie A. Land- und forstwirtschaftliches Vermögen bewertet.

1. Die wirtschaftlichen Einheiten des land- und forstwirtschaftlichen Vermögens, des Grundvermögens, die Betriebsgrundstücke und die Mineralgewinnungsrechte sollen allgemein alle 6 Jahre und

2. die wirtschaftlichen Einheiten des Betriebsvermögens allgemein alle 3 Jahre bewertet werden.

3. Für das sonstige Vermögen ist kein mehrjähriger Bewertungsrhythmus vorgesehen; der Wert des sonstigen Vermögens ist jährlich zu ermitteln.

Eine aperiodische Wertfeststellung tritt dann ein, wenn

1. innerhalb der vorgesehenen Intervalle bei Überschreiten bestimmter Wertgrenzen (§ 22 BewG 1965) oder unter bestimmten anderen Voraussetzungen (§ 23 BewG 1965) Wertfortschreibungen oder Nachfeststellungen erforderlich werden, oder

2. vom Bewertungsanlaß her (205) in unregelmäßigen Zeitabständen die neuen Werte anzusetzen sind.

Trotz der im Bewertungsgesetz vorgesehenen periodischen Wertfeststellungen können Wertzuwächse vielfach nicht ebenso kontinuierlich in die Besteuerung einbezogen werden. Dies liegt daran, daß z. B. veraltete Wertvorstellungen zugrunde gelegt werden (206) und die Wertmaßstäbe für einen Ausweis der Wertzuwächse untauglich sind. (207) Ausnahmen bilden die Wertfeststellungen des Betriebsvermögens und des sonstigen Vermögens, soweit sie mit Wertmaßstäben erfolgen, die eine zeitnahe Bewertung gewährleisten. Die aperiodische Wertfeststellung im Rahmen der bewertungsgesetzabhängigen Steuern führt zu einer Differenzierung in der Wertzuwachsbelastung.

Die periodische Wertfeststellung ist zwar ein Beitrag zu einer umfassenden Wertzuwachsbesteuerung, jedoch muß sie mit Bewertungsmaßstäben durchgeführt werden, die zeitnahe Wertverhältnisse widerspiegeln.

f) Der Vermögensbesitzer

Gehen Wertzuwächse in die Bemessungsgrundlage einer Steuer ein, so unterliegen sie je nach steuerlicher Behandlung des Besitzers einer entsprechend hohen Belastung.

f_1) Einkommen- und Körperschaftsteuer

Der Einkommensteuer unterliegen gemäß § 1 EStG nur natürliche Personen, deren Steuerpflicht unbeschränkt oder beschränkt sein kann. Juristische Personen fallen mit ihrem steuerpflichtigen Einkommen unter die Körperschaftsteuer (§§ 1, 2, 3 KStG). Bereits aus dieser Differenzierung läßt sich erkennen, daß Wertzuwächse eines Wirtschaftsgutes je nach Besitzer entweder in die Einkommensteuer oder in die Körperschaftsteuer einbezogen werden und damit den steuerspezifischen Tarifen, Bewertungsvorschriften usw. unterliegen. Bei den unbeschränkt Steuerpflichtigen unterliegen auch die Wertzuwächse der sich im Ausland befindlichen Vermögensgegenstände der Besteuerung. Dagegen werden Wertzuwächse ausländischen Vermögens, das beschränkt Steuerpflichtigen zugerechnet wird, der deutschen Besteuerung nicht unterworfen.

Nach dem Einkommensteuergesetz lassen sich hinsichtlich der Wertzuwachserfassung relevante Personengruppierungen (208) herausschälen, nämlich (209):

1. Personengruppen, die zum Zwecke der Einkommensermittlung den Überschuß der Einnahmen über die Werbungskosten feststellen (§ 2 Abs. 3 Ziff. 4 bis 7, §§ 8 bis 9 a EStG),

2. Personengruppen, die einen Gewinn ermitteln (§ 2 Abs. 3 Ziff. 1 bis 3, §§ 4 bis 7 e EStG), und zwar durch

a) partiellen oder totalen Vermögensvergleich
b) Überschuß der Betriebseinnahmen über die Betriebsausgaben
c) Durchschnittssätze (210)
d) Schätzungen (211)

Die Wertzuwächse der Wirtschaftsgüter, die zu der Personengruppe gehören, die den Gewinn durch Vermögensvergleich feststellen, sind durch die Einkommen- und Körperschaftsteuer erfaßbar. Im Rahmen der Überschußeinkunftsarten werden Wertzuwächse nur bei Veräußerungen nach § 17 Abs. 1 und § 23 EStG besteuert. Die Personengruppen, die mit ihrem gesamten Vermögen oder mit Teilen ihres Vermögens keinem Vermögensvergleich unterworfen werden, unterliegen insoweit nicht der Wertzuwachsbesteuerung durch die Einkommen- und Körperschaftsteuer.

f_2) Bewertungsgesetzabhängige Steuern

Eine unterschiedliche Erfassung und Belastung der Wertzuwächse ergibt sich in den bewertungsgesetzabhängigen Steuern durch folgende, auf die Person des Vermögensbesitzers zugeschnittene Bestimmungen:

1. Vermögensteuer: § 7; §§ 2, 3, 3 a, 21 Abs. 1 Ziff. 2 a und b VStG

2. Grundsteuer: §§ 4 bis 6, 26 a, 29, 30 GrStG; §§ 3 bis 6 a, 7, 9, 11 bis 16, 21 bis 23, 61, 62 GrStDV

3. Gewerbesteuer: § 3 GewStG

4. Erbschaftsteuer: §§ 10, 16 bis 18 Abs. 1 Ziff. 1, §§ 2 und 6 ErbStG.

2. Vergleich der Wertzuwachsbelastungen bei Grundstücken, Wertpapieren und Kunstgegenständen in verschiedenen Steuern

Um einen Eindruck von der Ungleichmäßigkeit und Unvollkommenheit der Wertzuwachserfassung und -besteuerung zu vermitteln, wird im folgenden das Ausmaß der Wertzuwachsbelastung der Wirtschaftsgüter Grundstücke, Wertpapiere (212) und Kunstgegenstände (213) anhand von Zahlenbeispielen einander gegenübergestellt. Aus der Übersicht 9 ist zu entnehmen, im Rahmen welcher Steuern Wertzuwächse der angesprochenen drei Wirt-

Übersicht 9:

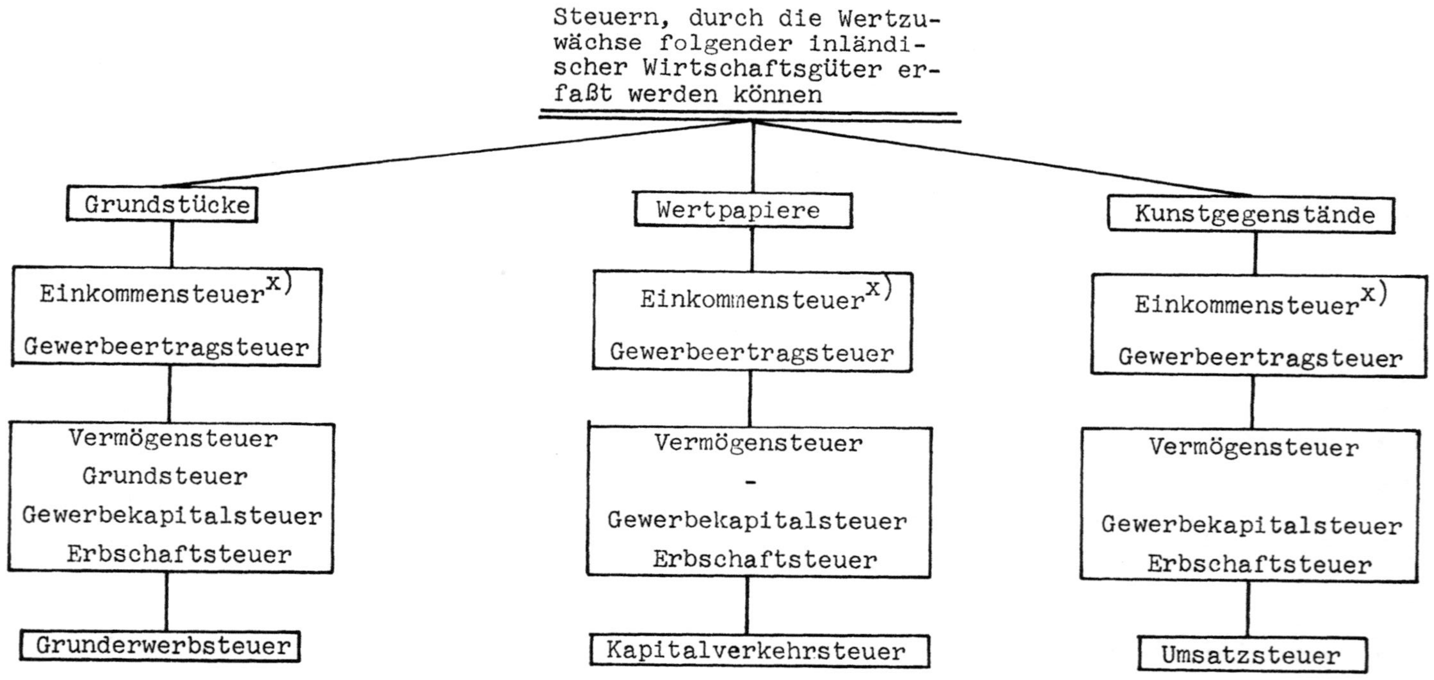

x) oder Körperschaftsteuer

schaftsgüter erfaßt werden können.

Ein Steuerbelastungsvergleich der Wertzuwächse kann sich nur auf beispielhafte Zahlenwerte stützen, die eine annähernde Vergleichbarkeit ermöglichen. Als Gemeinsamkeit der Beispiele wird unterstellt, daß die drei Wirtschaftsgüter Anlagevermögen im Inland sind und in einen Vermögensvergleich zur Ermittlung der Steuerbemessungsgrundlagen einbezogen werden. Persönliche Verhältnisse der Steuerpflichtigen bleiben unberücksichtigt (so z. B. Freibeträge, Freigrenzen, ermäßigte Steuersätze, individuelle Steuerprogressionen usw.). Die Wertzuwachsbelastung wird in der Weise errechnet, daß die Höhe desjenigen Wertzuwachses, der Bestandteil der Steuerbemessungsgrundlage ist, mit den jeweiligen Anfangssteuersätzen multipliziert wird.

Den Belastungsvergleichen liegen in allen untersuchten Steuern die folgenden einheitlichen Zahlenwerte und Bewertungszeitpunkte zugrunde:

Tab. 7: Ausgangswerte für die Belastungsvergleiche

Werte	Bewertungszeitpunkte	Wirtschaftsgüter in DM		
		Grundstücke	Wertpapiere	Kunstgegenstände
Anschaffungswert[1]	31.12.68	500.000	500.000	500.000
Marktwert[2]	31.12.69	490.000	490.000	490.000
Marktwert[2]	31.12.70[3]	550.000	550.000	550.000
Wertminderung	1968/69	10.000	10.000	10.000
Wertzuwachs	1969/70	60.000	60.000	60.000
Wertzuwachs	1968/70	50.000	50.000	50.000

1) Der Anschaffungswert stellt sich als Anschaffungs- oder Herstellungskosten dar.

2) Der Marktwert kann sein: Gemeiner Wert, Teilwert, Kurswert, Marktpreis, Nettoveräußerungserlös, Wiederbeschaffungskosten usw. Alle Wertansätze spiegeln die zeitnahe, marktmäßige Wertschätzung der Wirtschaftsgüter wider.

3) Im Falle der Anwendung des § 23 EStG soll bei dem Wirtschaftsgut "Grundstück" der 30.12.1970 als Zeitpunkt für die Entstehung der Steuerschuld unterstellt werden.

Aus den Vergleichen soll sich die Beantwortung der Frage ergeben, ob überhaupt und gegebenenfalls wie hoch die Steuerbelastung des Wertzuwachses am 31.12.1970 ist.

Tab. 8: Belastungsvergleich der Wertzuwächse bei ausgewählten Wirtschaftsgütern in der Einkommensteuer

Personengruppen, die einen Vermögensvergleich durchführen gemäß:		Wertzuwachsbelastung bei folgenden inländischen Wirtschaftsgütern in DM		
		Grundstücke	Wertpapiere	Kunstgegenstände
§ 4 Abs. 1 EStG	WZ 1969/70 nicht realisiert	-,-[1]	1.609,-	1.609,-
	WZ 1969/70 realisiert	a) -,-[2] b) 16.985,-[3]	21.747,-	21.747,-
	WZ 1969/70 realisiert, aber § 6 b EStG	-,-	-,-	
§ 5 EStG	WZ 1969/70 nicht realisiert	1.609,-[4]	1.609,-[4]	1.609,-[4]
	WZ 1969/70 realisiert	21.747,-	21.747,-	21.747,-
	WZ 1969/70 realisiert, aber § 6 b EStG	-,-	-,-	
§ 17 EStG	WZ 1968/70 realisiert		16.985,-	•
§ 23 EStG	WZ 1968/70 realisiert	16.985,-[5]	-,-[6]	-,-[6]
kein Vermögensvergleich	WZ 1968/70 nicht realisiert	-,-	-,-	-,-

1) Grundstücke bleiben bei dem Vermögensvergleich nach § 4 Abs. 1 EStG außer Ansatz, daher keine Erfassung und Besteuerung der Wertzuwächse.

2) Der Wertzuwachs der Grundstücke ist vor dem 1. 7. 1970 entstanden.

3) Der Wertzuwachs der Grundstücke ist nach dem 30. 6. 1970 entstanden, daher muß gemäß Zweitem Steueränderungsgesetz vom 10. 8. 1971 (BGBl I, S. 1266) zwischen den Anschaffungskosten und dem Nettoveräußerungserlös verglichen, d.h. ein Wertzuwachs von DM 50.000 versteuert werden.

4) Der Bilanzansatz kann am 31. 12. 1970 gemäß § 6 Abs. 1 Ziff. 2 EStG höchstens bis zum Anschaffungspreis erhöht werden; d.h. Erfassung und Besteuerung des Wertzuwachses nur in Höhe von DM 10.000 und daher lediglich Rückgängigmachung der im Vorjahr den Gewinn mindernden Teilwertabschreibung.

5) Zur Einbeziehung des Grundbesitzes eines Landwirtes unter die Spekulationsbesteuerung vgl. Abschnitt 169 Abs. 3 EStR.

6) Keine Erfassung der Wertzuwächse, weil die Veräußerung außerhalb der 6-monatigen Spekulationsfrist liegt (§ 23 Abs. 1 Ziff. 1 b EStG).

Tab. 9: Belastungsvergleich der Wertzuwächse bei ausgewählten Wirtschaftsgütern in der Gewerbeertragsteuer

Personengruppen, die einen Vermögensvergleich durchführen gemäß:		Wertzuwachsbelastung bei folgenden inländischen Wirtschaftsgütern in DM		
		Grundstücke	Wertpapiere	Kunstgegenstände
§ 4 Abs. 1 EStG	WZ 1969/70 nicht realisiert	-,-	96,- 1)	96,- 1)
	WZ 1969/70 realisiert	a) -,- 2) b) 5.700,- 3)	7.200,-	7.200,-
	WZ 1969/70 realisiert, aber § 6 EStG	-,-	-,-	
§ 5 EStG	WZ 1969/70 nicht realisiert	96,- 4)	96,- 4)	96,- 4)
	WZ 1969/70 realisiert	7.200,-	7.200,-	7.200,-
	WZ 1969/70 realisiert, aber § 6 EStG	-,-	-,-	

1) Durch die bewertungsrechtlichen Vorschriften im § 6 EStG kann am 31.12.1970 nur ein Wertzuwachs bis zur Höhe der vorhergehenden Teilwertabschreibung besteuert werden.

2) Siehe Anmerkung 2) zu Tab. 8.

3) Siehe Anmerkung 3) zu Tab. 8.

4) Siehe Anmerkung 4) zu Tab. 8; im Beispiel handelt es sich um gewerbetreibende natürliche Personen bzw. Mitunternehmergemeinschaften (§ 11 Abs. 2 GewStG).

Tab. 10: Belastungsvergleich der Wertzuwächse bei ausgewählten Wirtschaftsgütern in der Vermögensteuer

Besitzer von	Wertzuwachsbelastung bei folgenden inländischen Wirtschaftsgütern in DM					
	Grundstücke				Wertpapiere	Kunstgegenstände
Land- und forstwirtschaftlichen Vermögen	Wirtschaftsteil			-,-1)		
	Wohnteil			-,-2)		
Grundvermögen	bebaut	Ertragswertverfahren		-,-3)		
		Sachwertverfahren		-,-4)		
	unbebaut			-,-5)		
Betriebsvermögen	Bewertung wie Grundvermögen	bebaut	Ertragswertverfahren	-,-6)		
			Sachwertverfahren	-,-7)		
		unbebaut		-,-8)	600,-	600,-
	Bewertung wie l.u.f. Vermögen	Wirtschaftsteil		-,-9)		
		Wohnteil		-,-10)		
Sonstigen Vermögen					600,-	600,-

1) Es wird eine 10 ha große landwirtschaftliche Nutzfläche in der Gemeinde Hürth bei Köln unterstellt. Obwohl der Marktpreis am 31.12.1968 DM 500.000 (DM 5,-- je m^2) beträgt, liegt der Einheitswert (berechnet nach dem Ertragswert, § 36 BewG 1965) nach dem Preisniveau des Jahres 1935 bei DM 30.000. Wertzuwächse können demnach nicht erfaßt werden.

2) Der nach dem Ertragswertverfahren gemäß § 47 BewG 1965 festgestellte Einheitswert beträgt von 1968 bis 1970 unverändert DM 57.500; somit können keine Wertzuwächse erfaßt werden.

3) Der nach dem Ertragswertverfahren gemäß § 76 Abs. 1 BewG 1965 festgestellte Einheitswert für ein Zweifamilienhaus einschließlich Grundstück beträgt in den Jahren 1968 bis 1970 unverändert DM 46.000. Umgerechnet auf die Bewertungsbasis 1964 ergäbe sich ein Einheitswert von ca. DM 176.000.

4) Der nach dem Sachwertverfahren gemäß § 76 Abs. 2 BewG 1965 festgestellte Einheitswert beläuft sich für die Jahre 1968 bis 1970 unverändert auf DM 50.000. Ein Einheitswert von ca. DM 192.000 ergäbe sich nach den Wertverhältnissen des Jahres 1964. Der höhere Wert gegenüber dem vorhergehenden erklärt sich daraus, daß das Sachwertverfahren das Grundstück selbständig bewertet, unabhängig von seiner mehr oder weniger ertragbringenden Verwendung. Das Sachwertverfahren führt mithin näher an den Marktwert des Grundstücks heran.

5) Der als gemeiner Wert gemäß § 9 BewG 1965 und Abschnitt 7 BewRGr nach den Wertverhältnissen im Jahre 1935 festgestellte Einheitswert bleibt für 1968 bis 1970 unverändert DM 25.000. Auf die Basis von 1964 bezogen ergäbe sich ein Einheitswert von ca. DM 250.000. Abweichend von der Bewertung bebauter Grundstücke werden unbebaute Grundstücke direkt mit dem gemeinen Wert angesetzt. Gemäß § 76 Abs. 1 und 2 BewG 1965 hat der Gesetzgeber zur Ermittlung des gemeinen Wertes das Ertrags- und Sachwertverfahren vorgeschrieben; daß neben der Absicht, den gemeinen Wert zu ermitteln, aber noch andere Ziele in diese Verfahren eingeflossen sein müssen, ergibt sich aus folgendem kuriosen Vergleich:

unbebautes Grundstück, gemeiner Wert,
direkt ermittelt, Basis 1964 250.000,-- DM

bebautes Grundstück, gemeiner Wert
nach Ertragswertverfahren ermittelt 176.000,-- DM

bebautes Grundstück, gemeiner Wert
nach Sachwertverfahren ermittelt 192.000,-- DM

Zu beachten ist jedoch der Mindestwert nach § 77 BewG 1965.

6) Bewertung gemäß § 99 BewG 1965; siehe Anmerkung 3)

7) Bewertung gemäß § 99 BewG 1965; siehe Anmerkung 4)

8) Siehe Anmerkung 5)

9) Bewertung gemäß §§ 99, 36 BewG 1965; siehe Anmerkung 1)

10) Bewertung gemäß §§99, 47 BewG 1965; siehe Anmerkung 2)

Tab. 11: Belastungsvergleich der Wertzuwächse bei Grundstücken verschiedener Vermögenskategorien in der Grundsteuer

Vermögens-kategorien	Wertzuwachsbelastung bei folgenden inländischen Wirtschaftsgütern in DM					
	Grundstücke				Wert-papiere	Kunstge-genstände
Land- und forstwirt-schaftliches Vermögen	Wirtschaftsteil			-,-		
	Wohnteil			-,-		
Grundver-mögen	bebaut	Ertragswertverfahren		-,-		
		Sachwertverfahren		-,-		
	unbebaut			-,-		
Betriebs-vermögen	Bewertung wie Grundvermögen	bebaut	Ertragswertverfahren	-,-		
			Sachwertverfahren	-,-		
		unbebaut		-,-		
	Bewertung wie l. u. f. Vermögen	Wirtschaftsteil		-,-		
		Wohnteil		-,-		
Sonstiges Vermögen						

1) Die Einheitswerte für Grundstücke berechnen sich wie die der Vermögensteuer. Siehe dortige Anmerkungen. (Vgl. S. 59 f.)

In keinem der angegebenen Beispiele kommt es zu einer Wertzuwachsbelastung: Die Einheitswerte sind Dauerwerte, die nur in wenigen, von der Marktpreisentwicklung jedoch unabhängigen Fällen schwanken. Dies ist der besonderen Konstruktion der Einheitswertermittlung bei Grundstücken in Verbindung mit den eingeschränkten Bedingungen für eine Wertfortschreibung anzulasten. Die Wertfortschreibung läßt eine Wertänderung zu, wenn sich die tatsächlichen (Ertrags-)Verhältnisse geändert haben, nicht aber bei Änderung der (Markt-)Wertverhältnisse. Hier liegt ein Ansatzpunkt für eine Reform der Wertfortschreibungsbedingungen.

Tab. 12: Belastungsvergleich der Wertzuwächse bei ausgewählten Wirtschaftsgütern in der Gewerbekapitalsteuer

Besitzer von	Wertzuwachsbelastung bei folgenden inländischen Wirtschaftsgütern in DM					
	Grundstücke				Wert-papiere	Kunstge-genstände
Land- und forstwirtschaftlichen Vermögen	Wirtschaftsteil					
	Wohnteil					
Grundvermögen	bebaut	Ertragswertverfahren				
		Sachwertverfahren				
	unbebaut					
Betriebsvermögen	Bewertung wie Grundvermögen	bebaut	Ertragswert-verfahren	-,- 1)	a) Beteiligung unter 25 % 360,- 2)	360,- 2)
			Sachwert-verfahren	-,-	b) Beteiligung von 25 % und mehr	
		unbebaut		-,-		
	Bewertung wie l. u. f. Vermögen	Wirtschaftsteil		-,-	-,- 3)	
		Wirtschaftsteil		-,-		
Sonstigen Vermögen						

1) Die Einheitswerte der im Betriebsvermögen befindlichen Grundstücke werden wie Grundvermögen oder land- und forstwirtschaftliches Vermögen nach den Regeln des Bewertungsgesetzes ermittelt (§ 99 BewG 1965, § 12 GewStG). Abgesehen davon, daß die Einheitswerte der betrieblichen Grundstücke ohnehin nicht geeignet sind, Veränderungen der Marktwerte wiederzugeben, kann es zu keiner Wertzuwachsbelastung der Grundstücke durch die Gewerbekapitalsteuer kommen, weil zur Vermeidung einer Doppelbesteuerung durch Gewerbe- und Grundsteuer die Einheitswerte der Gewerbebetriebe um die Einheitswerte der darin enthaltenen Grundstücke zu kürzen sind. Nur in dem Falle wäre eine Wertzuwachsbelastung hier denkbar, daß die durch eine Grundstücksveräußerung während des Geschäftsjahres realisierten Wertzuwächse nach der Vermögensumschichtung Bestandteil des betrieblichen Einheitswertes geworden sind.

2) Es wird eine Steuermeßzahl von 2 ‰ und ein Hebesatz von 300 % angenommen.

3) Durch die Kürzung des Gewerbekapitals um die wesentliche Beteiligung gemäß § 12 Abs. 3 Ziff. 2 a GewStG wird der entstandene Wertzuwachs nicht der Besteuerung unterworfen.

Tab. 13: Belastungsvergleich der Wertzuwächse bei ausgewählten Wirtschaftsgütern in der Erbschaft- und Schenkungsteuer

<table>
<tr><th rowspan="2">Besitzer von</th><th colspan="6">Wertzuwachsbelastung bei folgenden inländischen Wirtschaftsgütern in DM</th></tr>
<tr><th colspan="4">Grundstücke[1]</th><th>Wertpapiere[2]</th><th>Kunstgegenstände[2]</th></tr>
<tr><td rowspan="2">Land- und forstwirtschaftlichen Vermögen</td><td colspan="3">Wirtschaftsteil</td><td>-,-</td><td rowspan="2"></td><td rowspan="2"></td></tr>
<tr><td colspan="3">Wohnteil</td><td>-,-</td></tr>
<tr><td rowspan="3">Grundvermögen</td><td rowspan="2">bebaut</td><td colspan="2">Ertragswertverfahren</td><td>-,-</td><td rowspan="3"></td><td rowspan="3"></td></tr>
<tr><td colspan="2">Sachwertverfahren</td><td>-,-</td></tr>
<tr><td colspan="3">unbebaut</td><td>-,-</td></tr>
<tr><td rowspan="5">Betriebsvermögen</td><td rowspan="3">Bewertung wie Grundvermögen</td><td rowspan="2">bebaut</td><td>Ertragswertverfahren</td><td>-,-</td><td rowspan="5">Steuerklasse
I 2.700
II 5.400
III 8.100
IV 10.800
V 14.400</td><td rowspan="5">Steuerklasse
I 2.700
II 5.400
III 8.100
IV 10.800
V 14.400</td></tr>
<tr><td>Sachwertverfahren</td><td>-,-</td></tr>
<tr><td colspan="2">unbebaut</td><td>-,-</td></tr>
<tr><td rowspan="2">Bewertung wie l.u.f. Vermögen</td><td colspan="2">Wirtschaftsteil</td><td>-,-</td></tr>
<tr><td colspan="2">Wohnteil</td><td>-,-</td></tr>
<tr><td>Sonstigen Vermögen</td><td colspan="4"></td><td>Steuerklasse
I 2.700
II 5.400
III 8.100
IV 10.800
V 14.400</td><td>Steuerklasse
I 2.700
II 5.400
III 8.100
IV 10.800
V 14.400</td></tr>
</table>

1) Gemäß § 23 Abs. 2 ErbStG sind Grundstücke mit dem jeweiligen Einheitswert, der sich nach den Regeln des Bewertungsgesetzes ermittelt, anzusetzen. Zwar weichen die Einheitswerte in den Beispielen je nach Ermittlungsmethode voneinander ab (siehe Anmerkungen zu Tab. 10), jedoch läßt die Konstruktion der Einheitswerte unabhängig von der Wertbasis 1935 oder 1964 keine Erfassung der Wertzuwächse zu. Von der Besteuerung des geltend gemachten Pflichtteilanspruchs gemäß § 2 Abs. 1 Nr. 1 ErbStG soll abgesehen werden. Nimmt der Pflichtteilsberechtigte statt des ihm zustehenden Geldbetrages ein Grundstück entgegen, so ist der Erwerb nach bürgerlichrechtlichen Bewertungsgrundsätzen mit dem Verkehrswert (§ 2311 BGB) anzusetzen, so daß entstandene Wertzuwächse der Besteuerung zugeführt werden.

2) Der Vergleichswert für die rechnerische Ermittlung des steuerpflichtigen Wertzuwachses ist der für die Vermögensteuer-Veranlagung maßgebliche Wert; in diesem Fall sei es der 31. 12. 1969.

Tab. 14: Belastungsvergleich der Wertzuwächse bei ausgewählten Wirtschaftsgütern in Grunderwerb-, Börsenumsatz- und Umsatzsteuer

Besitzer von	Wertzuwachsbelastung bei folgenden inländischen Wirtschaftsgütern in DM: Grundstücke in der Grunderwerbsteuer[1]				Wertpapiere in der Börsenumsatzsteuer	Kunstgegenstände in der Umsatzsteuer
Land- und forstwirtschaftlichen Vermögen	Wirtschaftsteil			a) 4.200,-[1] b) -,-		
	Wohnteil			a) 4.200,- b) -,-		
Grundvermögen	bebaut	Ertragswertverfahren		a) 4.200,- b) -,-		
	bebaut	Sachwertverfahren		a) 4.200,- b) -,-		
	unbebaut			a) 4.200,- b) -,-		
Betriebsvermögen	Bewertung wie Grundvermögen	bebaut	Ertragswertverfahren	a) 4.200,- b) -,-	125,-[4]	5.500,-[5]
	Bewertung wie Grundvermögen	bebaut	Sachwertverfahren	a) 4.200,- b) -,-		
	Bewertung wie Grundvermögen	unbebaut		a) 4.200,- b) -,-		
	Bewertung wie l. u. f. Vermögen	Wirtschaftsteil		a) 4.200,- b) -,-		
	Bewertung wie l. u. f. Vermögen	Wohnteil		a) 4.200,- b) -,-		
Sonstigen Vermögen					125,-[4]	

a) Berechnung der Grunderwerbsteuer nach dem Wert der Gegenleistung (§ 10 Abs. 1 GrEStG)[2]
b) Berechnung der Grunderwerbsteuer nach dem Wert des Grundstückes (§ 10 Abs. 1 GrEStG)[3]

1) In den angegebenen Beispielen kommt es zu einer Erfassung von Wertzuwächsen, wenn eine Gegenleistung für einen Grundstückserwerb erkennbar ist. Ist mangels einer erkennbaren Gegenleistung auf den "Grundstückswert" zurückzugreifen, so trifft die Wertzuwachserfassung auf die üblichen Mängel der besonderen Ausgestaltung der Einheitswerte als Dauerwerte. Käme es am Besteuerungsstichtag durch die Wertfortschreibung auf Grund geänderter Ertragsbedingungen zu einem höheren Einheitswert, so würden in der Differenz zum alten Einheitswert geringfügig Wertzuwächse erfaßt und durch die Grunderwerbsteuer belastet. Trotzdem bliebe aber die große Diskrepanz zur Grunderwerbsteuer auf der Basis der Gegenleistung.

2) Der Berechnung wird der Steuersatz von 3 % gemäß § 13 Abs. 1 GrEStG zugrunde gelegt sowie der Zuschlag in Nordrhein-Westfalen in Höhe von 4 % (vgl. § 13 Abs. 3 GrEStG für Nordrhein-Westfalen).

3) Die Bewertung des Grundstücks erfolgt gemäß § 12 Abs. 1 GrEStG nach den Regeln des Bewertungsgesetzes. Dabei können zwar je nach Ermittlungsmethode die einzelnen Einheitswerte voneinander abweichen (siehe Anmerkungen zu Tab. 10), jedoch können Wertzuwächse nicht erfaßt werden, da die Einheitswerte Schwankungen in der Marktpreisentwicklung nicht wiederzugeben in der Lage sind.

4) Es wird ein Steuersatz von 2,5 ‰ zugrunde gelegt (§ 24 Abs. 1 Ziff. 3 KVStG).

5) Der Steuersatz beträgt im Beispiel 11 % der Bemessungsgrundlage (§ 12 Abs. 1 UStG)

3. Verstöße der derzeitigen Wertzuwachsbesteuerung gegen allgemeine Besteuerungsgrundsätze

Die bisherigen Ausführungen haben gezeigt, daß die gegenwärtige Erfassung und die Besteuerung der Wertzuwächse im Steuersystem der BRD weitgehend lückenhaft und unsystematisch sind. Die steuerrechtliche Ausgestaltung der Wertzuwachsbesteuerung steht nicht im Einklang mit bestimmten allgemein anerkannten Besteuerungsgrundsätzen (214), die die Kriterien für eine rationale Steuerpolitik abgeben und deren Einhaltung als Voraussetzung und "Maßstab" für eine rationale Steuerpolitik angesehen wird.

So kann festgestellt werden, daß insbesondere das Postulat der Steuergerechtigkeit verletzt wird. (215) Ohne auf die breit angelegte Diskussion eingehen zu können, die in der Literatur um die Besteuerungsgrundsätze besteht (216), soll in Anlehnung an Neumark (217) dann von Steuergerechtigkeit gesprochen werden, wenn die folgenden Forderungen erfüllt sind: Allgemeinheit, Gleichmäßigkeit und Verhältnismäßigkeit der Besteuerung.

Das Prinzip der Allgemeinheit, das die Besteuerung aller Personen ohne Rücksicht auf "außerökonomische (rechtliche) Kriterien wie Staatsangehörigkeit, Stand, Klasse, Religion, Rasse usw." (218) fordert, wird von der heutigen Wertzuwachsbesteuerung nicht in dem Maße verletzt wie die zwei anderen Postulate der Steuergerechtigkeit. Zwar sind Differenzierungen persönlicher Art bei der Wertzuwachsbelastung nachzuweisen (219), jedoch könnten diese als Ausnahmen gesamtwirtschafts- und sozialpolitischer oder steuertechnischer Art gewertet werden. Dagegen liegen offensichtlich Verstöße gegen die Grundsätze der Gleichmäßigkeit und Verhältnismäßigkeit vor.

Das Postulat der Gleichmäßigkeit ist erfüllt, wenn Steuerpflichtige, "soweit sie ... sich in gleichen oder gleichartigen steuerlich relevanten Verhältnissen befinden, in bezug auf die betreffende Steuer gleich" (220) behandelt werden. Wie die Erörterung über die Determinanten der differenzierten Wertzuwachsbesteuerung aufzeigt, werden entstandene Wertzuwächse der Steuerpflichtigen, bei denen vergleichbare ökonomische Verhältnisse vorliegen, offensichtlich ungleich behandelt. (221) So sei beispielsweise besonders der Fall hervorgehoben, daß gleiche Wertzuwächse bei landwirtschaftlichen Unternehmern, die ihren Gewinn nach Durchschnittssätzen ermitteln, und bei gewerblichen Unternehmern, welche dem totalen Vermögensvergleich unterliegen, in unterschiedlichem Maße in die Einkommensbesteuerung einbezogen werden. Ebenso wird der Besteuerungsgrundsatz der Gleichmäßigkeit in eklatanter Weise mißachtet, wenn z. B. im Bewertungsgesetz für die verschiedenen Anlageformen eines Vermögens unterschiedliche Kategorien gebildet und unterschiedliche Bewertungsmaßstäbe vorgesehen sind, so daß die Wertzuwächse der einzelnen Wirtschaftsgüter ungleichmäßig erfaßt werden. (222)

Der Grundsatz der Verhältnismäßigkeit (oder Grundsatz der Besteuerung nach der persönlich-individuellen Leistungsfähigkeit) beinhaltet die Maxime, die Steuerlast so auf die einzelnen Steuerpflichtigen zu verteilen, "daß diese unter Berücksichtigung aller für die Steuerfähigkeitsindikatoren bedeutsamen persönlichen Momente das Verhältnis der individuellen Leistungsfähigkeiten widerspiegeln ...". (223) Demnach wäre dieser Grundsatz nur dann erfüllt, wenn alle Indikatoren der persönlich-individuellen Leistungsfähigkeit im steuerpflichtigen Einkommen berücksichtigt würden. Da Wertzuwächse des Vermögens die Leistungsfähigkeit einer Person zweifellos erhöhen (224), (225), müßten sie voll in die Bemessungsgrundlagen der Steuern eingehen, die nach dem Grundsatz der Verhältnismäßigkeit gestaltet werden können. (226) Im deutschen Einkommensteuerrecht werden bisher in der Regel nur die realisierten Wertzuwächse des Betriebsvermögens und nur im Rahmen der Spekulationsgeschäfte und bestimmter anderer Geschäfte (§ 17 EStG) die Wertzuwächse des Privatvermögens zur Besteuerung herangezogen. (227)

F Möglichkeiten zukünftiger Wertzuwachsbesteuerung

1. Der Ausgangspunkt der Überlegungen

Die Ergebnisse der bisherigen Untersuchungen zeigen u. a., auf welche Weise und in welcher Ungleichmäßigkeit Wertzuwächse im derzeitigen Steuersystem der BRD erfaßt und besteuert werden. Obwohl in den steuerrechtlichen Vorschriften an keiner Stelle ausgedrückt ist, daß eben diese Wertzuwächse Besteuerungsgrundlage und Ziel der Besteuerung sein sollen, werden sie doch in vielen Fällen indirekt der Besteuerung unterworfen. Das hat seine Ursache in den zuweilen erfüllten Bedingungen für die Wertzuwachserfassung schlechthin. (228) Selbstverständlich kann von einer regelrechten Wertzuwachsbesteuerung im deutschen Steuerrecht nur unter großen Vorbehalten die Rede sein, wenngleich der Tatbestand als solcher auch wiederum nicht unterschätzt werden sollte, führt er doch zu einer höchst komplizierten und uneinheitlichen Behandlung und Belastung entstehender Wertzuwächse. Die im vorigen Abschnitt analysierten Determinanten und die Belastungsvergleiche sprechen eine beredte Sprache.

Ebenso müssen die Verstöße der derzeitigen Wertzuwachsbesteuerung gegen allgemein anerkannte Besteuerungsgrundsätze jeden Steuerpolitiker bedenklich stimmen. Es kann dem Gesetzgeber einfach nicht unterstellt werden, daß er hinter dieser eklatanten Unsystematik der Wertzuwachsbesteuerung politische Ziele verborgen hat. Vielmehr muß angenommen werden, daß die Wirkungen ungewollt auftreten und konkret angestrebte wirtschafts- und sozialpolitische Ziele im Grad ihrer Realisierbarkeit mindern, wenn nicht gar gänzlich verhindern. Man denke beispielsweise nur an die folgenden Wirkungen, die durch die unterschiedliche Erfassung und Besteuerung von Wertzuwächsen ausgelöst werden: Diskriminierung verschiedener Vermögensarten, Verzerrung der Vermögenstruktur, Wettbewerbsverschiebungen, ungleiche Behandlung unterschiedlicher Unternehmensformen, Kapital- und Vermögensflucht, Doppelbelastung ein und desselben Steuertatbestandes, verdeckte Subventionierung gewisser Vermögenskategorien usw.

Aus dieser Erkenntnis erwächst die Notwendigkeit, dem Politiker ein Instrumentarium zu entwickeln, das es ihm gestattet, die Steuerpolitik rationaler (229) zu gestalten; das heißt für die Behandlung entstandener Wertzuwächse, daß es gelingen muß, ihre Erfassung und Besteuerung nicht wie bisher dem Zufall oder anderen Einflüssen zu überlassen. Bevor jedoch die Wertzuwachsbesteuerung bewußt als Instrument zur Verwirklichung wirtschafts- und gesellschaftspolitischer Ziele vom Steuerpolitiker differenziert werden kann, muß zunächst aufgezeigt werden, wie eine vollständige und gleichmäßige Erfassung aller bei Wirtschaftsgütern auftretenden Wertzuwächse mit ihren Konsequenzen für das Steuersystem der BRD aussieht.

Wie schon dargestellt (230), gibt es grundsätzlich zwei Wege, Wertzuwächse zu erfassen und zu besteuern, nämlich den direkten und den indirekten. Im gegenwärtigen deutschen Steuersystem ist letzterer, der indirekte Weg nachzuweisen, d. h. Wertzuwächse gehen unter bestimmten Voraussetzungen in die Steuerbemessungsgrundlagen ein und erleiden somit das Schicksal, das die jeweilige Steuer für das Steuerobjekt - das allerdings in keinem Fall "Wertzuwachs" heißt - vorsieht. Diese Mitbesteuerung, wie sie heute anzutreffen ist, erscheint höchst problematisch und steuersystematisch wie auch steuerpolitisch angreifbar. Würde für eine künftige Wertzuwachsbesteuerung der indirekte Weg gewählt, so müßte überlegt werden, wie eine vollständige Wertzuwachserfassung zu gestalten ist, so daß der Steuerpolitiker von dieser Basis aus gegebenenfalls bewußte Differenzierungen vornehmen könnte.

Die andere Alternative der Wertzuwachserfassung ist die Schaffung institutioneller Möglichkeiten, Wertzuwächse auf direktem Wege zu besteuern, mit anderen Worten eine selbständige Wertzuwachssteuer. Diese neue Steuer könnte sich auf den insgesamt bei einer Person anfallenden Wertzuwachs aller Vermögensgegenstände richten, so daß eine vollständige und gleichmäßige Wertzuwachserfassung möglich würde. Andererseits könnte eine spezielle Wertzuwachssteuer nach bestimmten Gesichtspunkten nur gewisse Wertzuwächse erfassen. So ist beispielsweise eine Bodenwertzuwachssteuer denkbar (231), die die Wertsteigerungen nur der Grundstücke trifft und die Wertveränderungen anderer Wirtschaftsgüter außer Acht läßt.

In der nachfolgenden Erörterung werden sowohl die direkte als auch die indirekte Wertzuwachserfassungsmethode mit ihren Konsequenzen für das gegenwärtige Steuersystem einander gegenübergestellt. Ausgangspunkte für die Überlegungen sind, alle Wertzuwächse der Wirtschaftsgüter unterschiedslos zu erfassen, weitgehend den Postulaten der Steuergerechtigkeit (Allgemeinheit, Gleichmäßigkeit, Leistungsfähigkeit) zu genügen und eine Mehrfachbelastung von Wertzuwächsen nach Möglichkeit zu vermeiden. Es muß dem Steuerpolitiker vorbehalten bleiben, bewußt Differenzierungen der Wertzuwachsbesteuerung unter bestimmten wirtschafts- und gesellschaftspolitischen Zielsetzungen vorzunehmen.

2. Zum Konzept der direkten Wertzuwachsbesteuerung

Das Hauptmerkmal der direkten Wertzuwachsbesteuerung ist darin zu sehen, daß die Wertveränderungen der Wirtschaftsgüter Gegenstand und Bemessungsgrundlage einer Steuer sind. (232) Diese in unserem Steuersystem neu zu schaffende Steuer könnte unterschiedliche Ausprägungen erfahren:

a) Durch eine allgemeine Wertzuwachssteuer könnten bei entsprechender Ausgestaltung alle Wertzuwächse jeglicher Wirtschaftsgüter unterschiedslos getroffen werden. Dabei ließen sich die Postulate der Steuergerechtigkeit weitgehend erfüllen, wenn die allgemeine Wertzuwachssteuer personenbezogen, d.h. eine Vermögenswertzuwachssteuer ist.

b) Eine spezielle Wertzuwachssteuer griffe nur die Wertzuwächse bestimmter Wirtschaftsgüter heraus, und das gegebenenfalls nur anläßlich bestimmter Rechtsgeschäfte (z.B. Umsatzakte). Eine solche spezielle Wertzuwachssteuer würde den Charakter einer Objektsteuer annehmen und somit eine Objektwertzuwachssteuer sein.

Wird eine Wertzuwachssteuer in unser gegenwärtiges Steuersystem eingeführt, die die derzeitige indirekte Wertzuwachsbesteuerung ablösen soll, ist sie derart zu konzipieren, daß sie die durch die Determinanten (233) ungleicher Wertzuwachsbehandlung verursachten Mängel ausschließt. Diese direkte Wertzuwachsbesteuerung hat für die bereits bestehenden Steuern weitreichende Konsequenzen: Es müssen all' jene Tatbestände (234) eliminiert werden, die zu einer indirekten Erfassung und Besteuerung der Wertzuwächse führen. Es sind insbesondere die Steuerbemessungsgrundlagen so zu gestalten, daß sie Wertveränderungen substantiell unveränderter Wirtschaftsgüter nicht mehr in sich aufnehmen können. Denkbar wäre auch das Anrechnungsverfahren, durch das indirekt erfaßte und belastete Wertzuwächse in einem nachträglichen Schritt bei der Wertzuwachssteuer berücksichtigt würden. (235) Wegen der Schwierigkeit einer nachträglichen Trennung der Wertzuwächse von der Bemessungsgrundlage der einzelnen Steuern soll im folgenden eine technische Lösung diskutiert werden, die es von vornherein verhindert, daß Wertzuwächse in die Bemessungsgrundlage anderer Steuern eingehen.

Für den Steuerpolitiker bleibt noch die Frage offen, ob alle Steuern oder nur einzelne Steuern auf die Existenz einer Wertzuwachssteuer abzustimmen sind. Im folgenden werden die Konsequenzen schrittweise erörtert, indem zunächst die Auswirkungen der allgemeinen Wertzuwachssteuer auf die Einkommensteuer aufgezeigt werden, anschließend die der speziellen Wertzuwachssteuern auf bewertungsgesetzabhängige sowie auf sonstige Steuern. Diese Vorgehensweise schließt andere Gestaltungsmöglichkeiten nicht aus; beispielsweise könnte die allgemeine Wertzuwachssteuer mit einer gleichzeitigen Ausschaltung der indirekten Wertzuwachsbesteuerung in allen drei Steuergruppen verbunden werden. In jedem dieser von der Steuerpolitik gewählten Fall ließen sich die Konsequenzen auf die betreffenden Steuern aus den Erörterungen sinngemäß entnehmen, so daß schwerfällige Überschneidungen in der Darstellung vermieden werden.

In die Betrachtungen werden die Überlegungen eingeschlossen, wie die aus jenen "Determinanten" resultierenden Mängel im Konzept der direkten Wertzuwachsbesteuerung beseitigt werden können.

a) Die allgemeine Wertzuwachssteuer in ihren Konsequenzen für die Einkommensteuer

Die Bemessungsgrundlage der allgemeinen Wertzuwachssteuer ist durch einen Vermögensvergleich zwischen zwei Bewertungszeitpunkten zu ermitteln. Nur wenn die Endwerte die Anfangswerte der substantiell unveränderten Wirtschaftsgüter übersteigen, ergeben sich als Differenz Wertzuwächse. Der einkommensteuerliche Vermögensvergleich ist in seiner jetzigen Form umfassender, weil er sowohl Substanz- als auch Wertänderungen der Vermögensgegenstände berücksichtigt. Sollen die Wertzuwächse, die bisher auf diese Weise Bestandteil des steuerpflichtigen Einkommens geworden sind (236) ausgegliedert und nur durch eine Wertzuwachssteuer getroffen werden, muß sich der einkommensteuerliche Vermögensvergleich und damit der Einkommensbegriff selbst verändern. Es ist daher zu erörtern, wie künftig in der Einkommensteuer zu bewerten wäre. Hierzu ist eine weitergehende Klärung des Begriffes "substantiell unverändertes Wirtschaftsgut" notwendig.

Verändert sich der Wertansatz eines Wirtschaftsgutes bei unverändertem Wertmaßstab, so können dafür verschiedene Ursachen verantwortlich sein: Einmal kann das Wirtschaftsgut sich quantitativ verändert haben, d.h. seine körperliche Substanz hat sich vergrößert (ein schon vorhandenes Haus wird z.B. aufgestockt). Zum anderen ist denkbar, daß das Wirtschaftsgut sich in seiner Eigenschaft, in seiner qualitativen Substanz verändert (ein Mietwohnhaus wird z.B. für die gewerbliche Verwendung freigegeben). Es kann sich aber auch die Nachfrage nach einem Wirtschaftsgut erhöhen und/ oder das Angebot vermindern, ohne daß eine Veränderung in der Quantität oder der Qualität des Wirtschaftsgutes eingetreten sein muß. Liegt die Ursache für die Marktpreisänderung im Wirtschaftsgut selbst begründet, ändert sich also die (quantitative oder qualitative) Substanz, so sind keine Wertzuwächse im definierten Sinne entstanden. Sind die Marktpreisschwankungen aber nur auf Verschiebungen in der Marktkonstellation zurückzuführen, ist von einem Wertzuwachs zu sprechen. Diese Überlegungen müssen auf alle Produktionsvorgänge im weitesten Sinne übertragbar sein, in denen Wirtschaftsgüter als Produktionsfaktoren ihre selbständige Existenz aufgeben und aus denen neue Wirtschaftsgüter hervorgehen. (237)

Zur Lösung des Bewertungsproblems könnte eine scharfe Abgrenzung zwischen den einzelnen zeitlichen Etappen weiterhelfen, in denen ein Wirtschaftsgut substantiell unverändert bleibt bzw. in denen es durch Kombinationsprozesse substantiellen Veränderungen unterworfen wird. Die Güter gehen zu Anschaffungskosten in den Produktionsprozeß ein, und es werden Wirtschaftsgüter hervorgebracht, die mit den Kostengütern substantiell nicht mehr identisch sind. Es treten vielmehr qualitative und quantitative Veränderungen ein, die zwar Preisverschiebungen hervorrufen, aber nicht als Wertzuwächse gewertet werden können. Es handelt sich hier um einen Wertschöpfungsprozeß, der ausschließlich produktionsbedingt ist und nichts mit Veränderungen der Marktkonstellation ursächlich zu tun hat. Das Ergebnis dieses besonderen Wertschöpfungsprozesses wäre weiterhin durch die Einkommensteuer zu erfassen.

Um den auf Grund veränderter Marktverhältnisse eintretenden Wertzuwachs von der produktionsbedingten Wertschöpfung trennen und einer Wertzuwachssteuer zuleiten zu können, müssen Bewertungsintervalle gebildet werden, in denen das Wirtschaftsgut keine substantielle Veränderung erfährt, und andere, in denen durch den Produktionsprozeß die Substanz umgewandelt wird. In dem einen Fall werden Wertzuwächse festgestellt, die durch die Wertzuwachssteuer zu belasten wären, und in dem anderen Fall die produktionsbedingten Wertschöpfungen, die weiterhin der Einkommensteuer unterlägen. Bewertungstechnisch wird stets vorausgesetzt, daß zu Beginn und zu Ende der einzelnen Bewertungsabschnitte zeitnah bewertet würde.

Durch die Ausgliederung der Wertzuwächse, die durch die geänderten Bewertungsmodalitäten erreicht wird, verringert sich zwar der Umfang des steuerpflichtigen Einkommens, jedoch erscheint diese Trennung dem Ziel der einkommensteuerrechtlichen Bewertung zu entsprechen, weil "die Bewertung nach § 6 ... die zutreffende Ermittlung des Geschäftserfolges für einen Zeitabschnitt, das Wirtschaftsjahr, durch Gegenüberstellung der Anfangs- und der Endbestände sicherstellen" (238) soll. Mit dem Begriff des Geschäftserfolges läßt sich ein auf veränderte Marktkonstellationen zurückzuführender Wertzuwachs schwerlich vereinbaren.

Sollen durch eine allgemeine Wertzuwachssteuer die bei Wirtschaftsgütern entstandenen Wertzuwächse vollständig und unterschiedslos erfaßt und belastet werden, dürfen die Mängel nicht übernommen werden, die z.B. in der heutigen Einkommensteuer die differenzierte und ungleichmäßige Wertzuwachsbelastung auslösen. (239) Die wichtigsten Anforderungen an eine allgemeine Wertzuwachssteuer wären noch folgende:

1. Alle Wirtschaftsgüter sind in einen Vermögensvergleich einzubeziehen (z.B. auch originärer Firmenwert), und zwar unabhängig davon, ob und in welchem Umfange die Besitzer der Wirtschaftsgüter nach dem geltenden Einkommensteuerrecht einer Buchführungspflicht unterliegen.

2. Für den Wertansatz der Wirtschaftsgüter ist ein einheitlicher Bewertungsmaßstab zu wählen, der Ausdruck marktmäßiger, zeitnaher Wertverhältnisse ist. Dadurch wird ausgeschlossen, daß nur realisierte Wertzuwächse erfaßt werden. Es entfallen die verschiedenen Bewertungsmaßstäbe, die bisher an die Beschaffenheit und die Verwendung der Wirtschaftsgüter, an die einzelnen Vermögenskategorien und an die Bewertungsanlässe geknüpft waren.

3. Die Veranlagung zur Wertzuwachssteuer hat in regelmäßigen Zeitabständen (z.B. jährlich oder alle drei Jahre) (240) zu erfolgen.

4. Die Wertverluste sind mit Wertzuwächsen zu verrechnen, wobei die Fristsetzung für eine Anrechenbarkeit entstandener Wertverluste mit später auftretenden Wertzuwächsen weniger eine Frage der Zweckmäßigkeit als vielmehr eine politische Entscheidung ist. Gegebenenfalls ist eine Erstattung gezahlter Wertzuwachssteuer vorzusehen, wenn die Wertverluste nicht durch später auftretende Wertzuwächse kompensiert werden können. (241) Für die Gewinnermittlung ist von der Steuerreformkommission jüngst ein ähnliches Instrument, nämlich der Verlustrücktrag (carry back), wieder vorgeschlagen worden. Für "Planungsschäden", die auf Grund kommunaler Bebauungsrestriktionen für Grund und Boden eintreten, ist in den Vorschriften des Bundesbaugesetzes (242) eine Entschädigungspflicht gegenüber Grundstückseigentümern vorgesehen.

b) Die spezielle Wertzuwachssteuer in ihren Konsequenzen für bewertungsgesetzabhängige und sonstige Steuern

Ist mit Hilfe einer allgemeinen Wertzuwachssteuer versucht worden, die Wertzuwächse aller Wirtschaftsgüter unterschiedslos und regelmäßig zu belasten, könnten spezielle Wertzuwachssteuern die Wertzuwächse nur bestimmter Wirtschaftsgüter (243) entweder regelmäßig, d.h. zu vorher festgelegten Veranlagungszeitpunkten, oder aber anläßlich von Rechtsgeschäften und Verkehrsvorgängen (z.B. Eigentumswechsel) besteuern. Steuerbemessungsgrundlage für eine spezielle Wertzuwachssteuer ist in jedem Falle der durch Vermögensvergleich zwischen zwei Zeitpunkten ermittelte Wertzuwachs jener Wirtschaftsgüter, die substantiell unverändert geblieben sind. Die durch Substanzveränderung eintretenden Wertverschiebungen sind von den Wertzuwächsen zu trennen und weiterhin bei der Ermittlung der Steuerbemessungsgrundlagen der bewertungsgesetzabhängigen und der sonstigen Steuern zu berücksichtigen. (244)

Wird unterstellt, daß durch die Einführung einer speziellen Wertzuwachssteuer beispielsweise auf Bodenwertsteigerungen die bisherige indirekte Erfassung der Wertsteigerungen in den bewertungsgesetzabhängigen bzw. in den sonstigen Steuern abgelöst werden soll, bliebe dem Steuerpolitiker, die Entscheidung darüber zu treffen, ob die indirekte Wertzuwachserfassung nur des angesprochenen Wirtschaftsgutes (z.B. Boden) oder die aller anderen Wirtschaftsgüter auch zu eliminieren ist. Hier sollen nur die Konsequenzen aufgezeigt werden, die sich aus dem ersten Fall für die bewertungsgesetzabhängigen und die sonstigen Steuern ergäben.

b_1) Die spezielle Wertzuwachssteuer in ihren Konsequenzen für bewertungsgesetzabhängige Steuern

Wertzuwächse, die bei Grundstücken eintreten, werden im gegenwärtigen Steuersystem im Vergleich zu anderen Wirtschaftsgütern in besonderem Maße unzureichend erfaßt und belastet. Daher ist es sinnfällig, im folgenden nur die spezielle Wertzuwachssteuer zu betrachten, die auf Bodenwertsteigerungen ausgerichtet ist. Selbstverständlich wäre theoretisch auch eine spezielle Wertzuwachssteuer denkbar, die die Wertsteigerungen anderer Wirtschaftsgüter erfaßt. (245)

Eine Bodenwertzuwachssteuer, die in regelmäßigen Zeitabständen erhoben wird, also nicht gelegentlich bestimmter Rechtsvorgänge, hat für die Realisierung der Absicht, mehrfache indirekte Wertzuwachsbelastungen auszuschließen, zur Folge, daß insbesondere die im Bewertungsgesetz vorgegebenen Bewertungsmodalitäten neu durchdacht werden müßten. Es ist zu verhindern, daß bei Grundstücken auftretende Wertzuwächse in die Bemessungsgrundlagen der folgenden Steuern eingehen: Vermögensteuer, Grundsteuer, Erbschaft- und Schenkungsteuer. (246) Durch das derzeitige Festhalten an Einheitswerten für Grundstücke, die auf Wertverhältnissen des Jahres 1935 beruhen, ist es bisher gelungen, diese Forderung faktisch zu erfüllen. Im Interesse jener Ausschaltung indirekter Wertzuwachserfassungen durch bewertungsgesetzabhängige Steuern müßte auch künftig für die Ermittlung der Steuerbemessungsgrundlagen an konstanten Werten festgehalten werden. Nur für die spezielle Bodenwertzuwachssteuer sind zeitnahe Wertansätze erforderlich, damit die marktmäßigen Wertschwankungen des substantiell unveränderten Grundstücks (247) erfaßt werden.

Die vielfältigen Bewertungsmaßstäbe und -methoden für das Wirtschaftsgut "Grundstück" (gemeiner Wert, Sach-/Ertragswertverfahren zur Ermittlung des gemeinen Wertes, Ertragswert) sind nicht in eine Bodenwertzuwachssteuer zu übernehmen, selbst wenn sie auf aktuellen Wertverhältnissen basieren, denn sie führen zu unterschiedlich hohen Wertansätzen.(248) Es müßte auf die Kaufpreissammlungen zurückgegriffen werden, die die Finanzämter zur Ermittlung des aktuellen Grundstückswertes bereits führen. Sie enthalten die tatsächlich gezahlten Preise für Grundstücksverkäufe, aus denen sich Rückschlüsse auf die marktmäßigen, zeitnahen Grundstückswerte ziehen lassen. (249) Auf diese Weise würden die nichtrealisierten Wertzuwächse vollständig in die Steuerbemessungsgrundlage einbezogen. Außerdem würden durch diese Regelung Diskriminierungen bei der Wertfeststellung, die durch die derzeitigen Vorschriften der bewertungsgesetzabhängigen Steuern bestehen, weitgehend verhindert.

Wertminderungen bei substantiell unveränderten Grundstücken müßten mit später auftretenden Wertzuwächsen aufrechenbar sein. (250)

b_2) Die spezielle Wertzuwachssteuer in ihren Konsequenzen für sonstige Steuern

Eine spezielle Wertzuwachssteuer ließe sich derart konzipieren, daß Wertzuwächse der Wirtschaftsgüter (z. B. Grundstücke) nur gelegentlich von Rechtsgeschäften besteuert würden. Dies setzte einen Vermögensvergleich zwischen beispielsweise dem Zeitpunkt der Anschaffung (251) und dem die Besteuerung auslösenden Rechtsgeschäft voraus. Sollen z. B. nur die Wertzuwächse der Grundstücke anläßlich jener Verkehrsakte (z. B. Eigentumswechsel) erfaßt und besteuert werden, führt dies zu einer Überprüfung der entsprechenden sonstigen Steuern, insbesondere der Grunderwerbsteuer (252), hinsichtlich der Bewertung. Für die Ausgestaltung einer speziellen Wertzuwachssteuer sind zeitnahe, marktmäßige Werte erforderlich. Die bei der landesrechtlich geregelten Grunderwerbsteuer bestehenden Vergünstigungs- und Befreiungsvorschriften müssen im Interesse einer steuerlichen Gleichbehandlung der Wertzuwächse entfallen.

Die Wertansätze für eine Grunderwerbsteuer hingegen müßten unabhängig von der Häufigkeit der Rechtsgeschäfte im Zeitablauf konstant bleiben, wenn eine indirekte Wertzuwachserfassung durch diese Steuer ausgeschlossen sein soll. Dies bedeutet, daß in der Grunderwerbsteuer künftig, ähnlich wie bei bewertungsgesetzabhängigen Steuern, mit Einheitswerten, die auf Wertverhältnissen von 1935 beruhen, zu bewerten ist. (253)

Durch eine derartig gestaltete Wertzuwachssteuer werden nur realisierte Wertzuwächse der Grundstücke erfaßt, und zwar anläßlich der höchst unregelmäßig auftretenden Rechtsgeschäfte.

Während die spezielle Bodenwertzuwachssteuer, die regelmäßig veranlagt und erhoben wird (vgl. oben b_1)), darauf abzielt, nichtrealisierte Wertzuwächse zu erfassen, ist die durch Rechtsgeschäft ausgelöste spezielle Bodenwertzuwachssteuer (vgl. oben b_2)) geeignet, die realisierten Wertzuwächse der Besteuerung zuzuführen. Im Interesse einer gleichmäßigen steuerlichen Behandlung realisierter und nichtrealisierter Bodenwertzuwächse müßte eine spezielle Wertzuwachssteuer als Kombination beider Besteuerungsformen gestaltet werden. (254) Ein Vermögensvergleich wäre demnach bei folgenden Anlässen notwendig:

1. Anschaffung	-	Veräußerung
2. Anschaffung	-	Steuerveranlagung
3. Steuerveranlagung	-	Steuerveranlagung
4. Steuerveranlagung	-	Veräußerung

Dadurch würden sowohl realisierte als auch nichtrealisierte Wertzuwächse der Grundstücke erfaßt und der Besteuerung unterworfen. (255)

c) Resümee

In den vorangegangenen Ausführungen wurde versucht, ein idealtypisches Bild einer direkten Wertzuwachsbesteuerung zu entwerfen. Dabei wurde von der heroischen Zielsetzung ausgegangen, durch die Einführung einer Wertzuwachssteuer die indirekte Wertzuwachserfassung, wie sie durch bestehende Steuern gegeben ist, gänzlich abzulösen. Gleichzeitig wurde darauf geachtet, die Wertzuwächse unterschiedslos zu erfassen. Diese Anforderungen führten zu Konstruktionen einer allgemeinen und spezieller Wertzuwachssteuern. Für diese theoretischen Entwürfe war es nicht unbedingt erforderlich, die möglichen volkswirtschaftlichen Auswirkungen der einzelnen direkten Wertzuwachssteuern in aller Breite nochmals aufzuzeigen. (256)

Auch ohne diese Auswirkungen im einzelnen erörtert zu haben, dürften die Schwierigkeiten ökonomischer, politischer und technischer Art weitgehend offensichtlich geworden sein, die mit der Konzeption direkter Besteuerungsformen von Wertzuwächsen verbunden sind. Es sei hier nur noch einmal auf die steuertechnischen Schwierigkeiten der Vermögensvergleiche hingewiesen, die Wertveränderungen substantiell konstanter Wirtschaftsgüter als Steuerbemessungsgrundlage feststellen sollen. Zwar ließe sich auf gedanklicher Basis eine komplizierte Steuerbewertungstechnik entwerfen, die den Anforderungen gerecht würde (257); aber dies führte zu einer unbilligen und allseitigen Überforderung des Steuerpflichtigen und der Finanzverwaltung. "Je 'subjektiver' eine Steuer, je feiner sie an Hand der herrschenden wirtschaftspolitischen oder Gerechtigkeitsvorstellungen dosiert werden soll, d. h. je stärker in Geld bewertete Größen wie Erlös, Einkommen, Vermögen (Wertzuwachs; Verfasser) oder gar die individuellen Belastungen bzw. Einkommensdispositionen berücksichtigt werden sollen, desto schwieriger ist die Steuerbemessungsgrundlage eindeutig zu ermitteln, desto mehr Rationalität und Abstraktionsvermögen verlangt die Besteuerung von Verwaltung und Steuerzahler. "(258)

Ein Vorteil direkter Wertzuwachsbesteuerung dürfte zwar darin liegen, daß der Steuerpolitiker einen gesonderten Steuertarif bestimmen könnte, mit Hilfe dessen Wertzuwächse einer steuerpolitisch gezielten Sonderbehandlung unterworfen werden. Dagegen werden indirekt erfaßte Wertzuwächse zwangsläufig mit dem Tarif der jeweiligen Steuer getroffen. Jedoch ist es fraglich, ob dieser Vorteil der Bestimmung eines besonderen Steuertarifs die Nachteile aufwiegt.

Im folgenden soll ein Weg aufgezeigt werden, der es ermöglicht, Wertzuwächse der Wirtschaftsgüter der Besteuerung zuzuführen, ohne daß derartig komplizierte und schwerwiegende Steueränderungen erforderlich werden. Dies bedeutet, daß von einer aufwendigen Bewertungstechnik abzusehen ist und die bestehenden Steuern hinsichtlich der indirekten Wertzuwachserfassung weitgehend unangetastet bleiben.

3. Zum Konzept der indirekten Wertzuwachsbesteuerung

Geht es darum, Wertzuwächse zu erfassen und zu besteuern, ohne ein neues, äußerst kompliziertes Bewertungsrecht zu schaffen, muß überlegt werden, ob die indirekte Wertzuwachserfassungs- und -besteuerungsmethode eine akzeptable Lösung bietet.

Die indirekte Methode der Wertzuwachsbesteuerung ist dadurch charakterisiert (259), daß der Wertzuwachs der Wirtschaftsgüter nicht erklärtes Besteuerungsobjekt ist, sondern als Bestandteil in die Steuerbemessungsgrundlagen bestehender Steuern eingeht und auch deren "Schicksal" erleidet. Dies geschieht immer dann, wenn zur Ermittlung der Steuerbemessungsgrundlagen ein Vergleich der in Geldeinheiten zeitnah bewerteten Wirtschaftsgüter vorgenommen wird. (260)

Durch die indirekte Wertzuwachserfassung ist der Steuerpolitiker der Aufgabe enthoben, für eine Wertzuwachsbesteuerung einen gesonderten Steuertarif einführen zu müssen.

Wie nachgewiesen werden konnte, werden im gegenwärtigen Steuersystem der BRD bereits Wertzuwächse indirekt durch mehrere Steuern erfaßt und belastet. Soll die Wertzuwachsbesteuerung systematisch und umfassend durchgeführt werden, stellt sich die Frage, im Rahmen welcher Steuer bzw. Steuern die indirekte Wertzuwachserfassung vervollständigt und vereinheitlicht werden müßte. Ist die Mehrfachbelastung der Wertzuwächse weitgehend einzuschränken, darf nur im Rahmen einer Steuer die indirekte Wertzuwachsbesteuerung vervollkommnet werden. Wenn gleichzeitig auch die steuerliche Leistungsfähigkeit dabei berücksichtigt werden soll, wird vor allem die Einkommensteuer hierfür in Betracht kommen. (261)

a) Die umfassende Wertzuwachsbesteuerung im Rahmen der Einkommensteuer

Durch die Einkommensteuer werden zwar derzeit auch Wertzuwächse erfaßt, jedoch in höchst unvollständiger und ungleichmäßiger Weise. (262) Diese ungleichmäßige indirekte Wertzuwachserfassung ist durch verschiedene Tatbestände des Einkommensteuerrechts determiniert. (263) Es gilt, die Ursachen (Determinanten) der unvollkommenen Wertzuwachsbesteuerung in der Einkommensteuer zu beseitigen, um eine umfassende und gleichmäßige Wertzuwachsbesteuerung zu ermöglichen.

Dazu ist es erforderlich, den Einkommensbegriff in der Weise zu erweitern, daß die Wertzuwächse aller einem steuerpflichtigen Wirtschaftssubjekt zugehörigen Wirtschaftsgüter Bestandteil des Einkommens werden.(264)

Diese Einbeziehung der Wertzuwächse in das steuerpflichtige Einkommen hat Schanz bereits im Jahre 1896 in seiner Theorie des Reinvermögenszuganges vorgeschlagen. (265)

Es ist von den Steuerpflichtigen generell zur Ermittlung des Einkommens ein umfassender Vermögensvergleich durchzuführen. Alle Wirtschaftsgüter (266), die dem Steuerpflichtigen zugehören, müssen in diesen Vergleich eingehen. Der Vermögensvergleich hat nicht nur jährlich das Anfangs- und das Endvermögen zu erfassen, sondern er ist auch während des Wirtschaftsjahres bei Eintritt eines Wirtschaftsgutes in das Vermögen des Steuerpflichtigen und bei Austritt durchzuführen. Demnach haben alle steuerpflichtigen Wirtschaftssubjekte (auch alle Privatpersonen) die während des Jahres erzielten Veräußerungsgewinne sowie nichtrealisierten Wertzuwachs bei der Einkommensteuerveranlagung zu deklarieren. Dadurch wird es möglich, alle realisierten und nichtrealisierten Wertzuwächse der Wirtschaftsgüter zu erfassen, die während des Wirtschaftsjahres den Steuerpflichtigen zugehören bzw. zugehörten. (267)

Die unterschiedlichen Spekulationsfristen sind aufzuheben, d.h. § 23 EStG verliert seinen Inhalt. Ebenfalls entfällt eine Gewinnbesteuerung, die gemäß § 17 EStG erst ab einem bestimmten Beteiligungsverhältnis einsetzt.(268) Darüber hinaus entfallen die im Zusammenhang mit der Besteuerung realisierter Gewinne eingeführten Begünstigungsvorschriften, wie z.B. §§ 6 b, 6 c EStG, weil die nichtrealisierten Wertzuwächse bereits regelmäßig der Besteuerung unterliegen.

Die für den Vermögensvergleich notwendige Bewertung der Wirtschaftsgüter ist einheitlich an zeitnahen Marktpreisen auszurichten. Die vielfältigen Bewertungsmodalitäten (269), wie sie bisher z.B. in den §§ 6, 14, 14 a, 17, 18, 23 EStG und § 7 EStDV vorgesehen sind, entfallen.

Einen derartig gestalteten Vermögensvergleich haben alle Wirtschaftssubjekte aufzustellen, unabhängig davon, ob sie natürliche oder juristische Personen, ob sie Land- und Forstwirte, Gewerbetreibende, Freiberufler oder Privatpersonen sind. Ausgeschlossen bleiben diejenigen, die über keinerlei Vermögensgegenstände verfügen. Der Steuerpolitiker kann aus sozial- und gesellschaftspolitischen Überlegungen heraus Freigrenzen bestimmen, bis zu denen ein Vermögensvergleich unterbleiben kann. Darüber hinaus bleibt es dem Politiker ebenfalls anheimgestellt, weitere persönliche Differenzierungen vorzunehmen.

Wertzuwächse vergrößern das steuerpflichtige Einkommen; Wertverluste der einem Wirtschaftssubjekt zugehörigen Wirtschaftsgüter hingegen verkleinern die Steuerbemessungsgrundlage und müssen mit den positiven Einkommensbestandteilen verrechenbar sein. Übersteigen die Wertverluste die Einkünfte (einschließlich der Wertzuwächse), so daß ein voller Ausgleich innerhalb desselben Veranlagungszeitraums nicht möglich ist, müßte ein Vortrag und gegebenenfalls ein Rücktrag (270) (carry back) der Wertverluste allen Steuerpflichtigen wahlweise offenstehen. Der Steuerpolitiker hat eine Entscheidung darüber zu treffen, innerhalb welcher Fristen ein Vortrag bzw. Rücktrag von Wertverlusten durchführbar sein soll.

b) Die Wertzuwachsbesteuerung im Rahmen bewertungsgesetzabhängiger und sonstiger Steuern

Eine umfassende Wertzuwachsbesteuerung in der Einkommensteuer schließt nicht aus, daß Wertzuwächse auch durch die bewertungsgesetzabhängigen und sonstigen Steuern weiterhin erfaßt und besteuert werden. Soll eine derartige Mehrfachbelastung der Wertzuwächse abgemildert werden, müßten die auf die Wertzuwächse gezahlten Steuern in der Einkommensteuer anrechenbar sein. Jedoch entstünde dadurch das Problem, die Wertzuwächse und ihre Belastungen exakt aus den jeweiligen Steuern eliminieren zu müssen. Zu welch' komplizierten bewertungstechnischen Lösungen dies zwangsläufig führte, ist in den Abschnitten F 2 a) und b) erörtert worden.

Wird eine indirekte Mehrfacherfassung und -belastung in Kauf genommen, bleibt jedoch der Tatbestand bestehen, daß Wertzuwächse der Wirtschaftsgüter äußerst ungleichmäßig durch die bewertungsgesetzabhängigen und sonstigen Steuern getroffen werden. (271) Beispielsweise würden die Wertzuwächse des Wirtschaftsgutes "Grundstück" gegenüber denen des Wirtschaftsgutes "Wertpapier" in den bewertungsgesetzabhängigen Steuern unterschiedlich belastet. (272) Sofern hinter dieser offensichtlichen Begünstigung der Grundstückseigentümer keine klar umrissene steuerpolitische Zielsetzung verborgen ist, wovon heutzutage ausgegangen werden dürfte, muß im Interesse der steuerlichen Gleichbehandlung die Diskriminierung anderer Vermögensobjekte abgebaut werden.

Weil die Bewertungsmodalitäten in entscheidendem Maße zu dieser Ungleichmäßigkeit beitragen, ist die Forderung zu erheben, alle Wirtschaftsgüter zeitnah zu bewerten. Darüber hinaus sind die anderen Ursachen für die ungleichmäßige Behandlung entstandener Wertzuwächse zu beseitigen.(273)

4. Zur Realisierbarkeit einer Wertzuwachsbesteuerung

Die aufgezeigten alternativen Formen der Wertzuwachsbesteuerung sind aus der Zielsetzung heraus konzipiert worden, die gegenwärtige ungleichmäßige und unsystematische indirekte Wertzuwachserfassung abzulösen. Wertzuwächse aller Wirtschaftsgüter sollten unterschiedslos, d.h. gleichmäßig erfaßt und einer Besteuerung zugeführt werden. Bei der Konzeption derartiger Formen der Wertzuwachsbesteuerung wurden vorrangig die wesentlichen Konsequenzen für die im derzeitigen Steuersystem bestehenden Steuerarten erörtert.

Es wurde verzichtet, hypothetische Aussagen über Inzidenzprobleme (274) zu treffen, die durch die Einführung einer bestimmten Wertzuwachsbesteuerungsform entstehen. Würde die Besteuerung der Wertzuwächse auf indirektem Wege durchgeführt, ergäben sich gleichgelagerte Überwälzungsvorgänge, wie sie bereits bei den Steuern vorliegen, in deren Rahmen schon heute die Wertzuwächse indirekt erfaßt und besteuert werden.

Untersuchungen zu der Inzidenz einer direkten Wertzuwachsbesteuerung aus anderen Ländern (275), (276) oder aus den Jahren 1911 bis 1925 für das Deutsche Reich (276), (277) könnten nur mit größten Bedenken Aussagen liefern, weil die Überwälzungsmöglichkeiten einer Steuer u.a. abhängig sind von der Konstruktion des gesamten Steuersystems. Daher wären empirische Untersuchungen nach Einführung einer direkten Wertzuwachsbesteuerung dringend erforderlich.

Dem Steuerpolitiker kann die Entscheidung darüber nicht abgenommen werden, welche Form der Wertzuwachsbesteuerung in der Realität durchgesetzt werden soll. Er hat zu bedenken, daß "eine Steuer völlig nach rationalen Gesichtspunkten zu konstruieren und mit Aussicht auf Erfolg zu realisieren, bedeutet, das gesamte Steuersystem nach rationalen Aspekten umgestalten zu müssen. Das liefe darauf hinaus, daß ein völlig neues Steuersystem aufzubauen wäre. Einen solchen idealen Zustand zu schaffen, dürfte wahrscheinlich niemals möglich sein."(278)

Zwischen dem Idealtypen der direkten Wertzuwachssteuer und der indirekten Wertzuwachsbesteuerung in der Einkommensteuer bei gleichzeitiger Ausschaltung sämtlicher Elemente indirekter Wertzuwachsbesteuerung in den übrigen bestehenden Steuern liegt eine Fülle von Mischformen und Kombinationsmöglichkeiten direkter und indirekter Wertzuwachsbesteuerung. Ebenso gibt es zahlreiche Alternativen der Anpassung in den bestehenden Steuern bei Einführung einer umfassenden Besteuerung der Wertzuwächse. Hier zwischen dem theoretisch Möglichen und dem politisch und technisch Durchführbaren auszuwählen, ist dem Sachverstand und dem Feingefühl, aber auch den steuerpolitischen Intentionen des Politikers vorbehalten.

Durch die vorliegende Untersuchung dürfte klar geworden sein, daß es die ideale Form der Wertzuwachsbesteuerung nicht gibt. Beide angebotenen Prinzipien haben zweifellos ihre Vorzüge, aber auch Nachteile, die man nicht verkennen sollte. Dem Konzept der allgemeinen Wertzuwachssteuer ist trotz der erheblichen Flexibilität in der politischen Handhabung des Instrumentariums der "Determinanten" entgegenzuhalten, daß sie nur mit erheblichem technischen Aufwand und unter Preisgabe ökonomischer Bedingungen, die an jegliche Steuererhebung zu stellen sind, installiert werden könnte. Sollte die Einführung der direkten Wertzuwachsbesteuerung beabsichtigt sein, so wird sich die öffentliche Diskussion ohne Zweifel auf die enormen Schwierigkeiten konzentrieren, die sich in der praktischen Ausgestaltung und der Anwendung der gesetzlichen Bestimmungen ergeben. Insbesondere werden Schwierigkeiten der Abgrenzung des zu besteuernden Wertzuwachses von Substanzzuwächsen der Wirtschaftsgüter im Mittelpunkt der Erörterungen stehen. Darüber hinaus dürften die Fragen der Wertminderungsanrechnung diskutiert werden. Ein weiterer Streitpunkt der Diskussion wird die Frage sein, ob die Wertzuwächse aller Wirtschaftsgüter unterschiedslos zu erfassen und zu besteuern sind oder nur die Wertzuwächse bestimmter Wirtschaftsgüter (vor allem die der Grundstücke). "Vor diesen Schwierigkeiten hat ... bereits 1952/53 der Wissenschaftliche Beirat beim Bundesfinanzministerium in seinem Gutachten zur Frage einer organischen Steuerreform bei der Behandlung der Frage einer neuen Wertzuwachssteuer kapituliert."(279)(280)

Will der Steuerpolitiker das derzeit bestehende Steuersystem nicht von Grund auf reformieren, was die unausweichliche Folge einer direkten Wertzuwachssteuer wäre, ist ihm aus den gewonnenen Erkenntnissen anzuraten, seine Reformen schrittweise voranzutreiben und die Alternative umfassender indirekter Wertzuwachsbesteuerung in der Einkommensteuer zu wählen. Bei dieser Lösung hat er die Möglichkeit, die bestehenden Steuern in einem steten Anpassungsprozeß auf das Ziel der gleichmäßigen und vollständigen Wertzuwachsbesteuerung hin umzugestalten. Als erster Schritt wäre die Einkommensteuer der Zielsetzung entsprechend zu ändern; weitere Reformmaßnahmen im Rahmen der bewertungsgesetzabhängigen und sonstigen Steuern, die für eine Gleichmäßigkeit indirekter Wertzuwachsbesteuerung zu sorgen hätten, könnten folgen. Ein solches Vorgehen hätte zweifellos seine politischen Vorzüge und könnte auch durch ein behutsames "Sich-vortasten" zu der ökonomisch optimalen Lösung führen, indem unerwünschte Nebenwirkungen den einzelnen Maßnahmen sogleich eindeutig zugeordnet werden können und sich dann besser ausschalten lassen. Man sollte sich ernsthaft überlegen, ob nicht ein schrittweises Vorgehen in den Steuerreformbemühungen taktisch dem "großen Wurf" der allgemeinen Wertzuwachssteuer vorzuziehen ist; wenn erst einmal wieder die Diskussion um eine Besteuerung der Wertzuwächse festgefahren ist, weil sie zu viele Anti-Reaktionen hervorgerufen hat, wird so bald ein Steuerpolitiker es sich nicht mehr leisten können, dieses schwierige Problem anzupacken. "Die ökonomisch rationale Besteuerung ist nicht ohne weiteres die allein mögliche, politisch optimale oder überhaupt praktisch durchführbare Steuerpolitik; ...". (281)

Zu bedenken ist fernerhin, daß das Konzept der umfassenden Wertzuwachsbesteuerung in der Einkommensteuer, verbunden mit einer gleichmäßigen indirekten Wertzuwachsbesteuerung in den bewertungsgesetzabhängigen und sonstigen Steuer, wenn es schon nicht theoretisch so bestechend ist, faktisch jedoch zu einer ganz erheblichen Verbesserung bestehender Verhältnisse führen wird.

Bei der Einführung einer neuen Besteuerungsform sind auch die Steuermodalitäten der EWG-Staaten zu beachten und zu berücksichtigen (182), weil die nationalen Steuersysteme zu harmonisieren sind. (283) Jedoch kann die Rücksichtnahme nicht so weit getrieben werden, daß die notwendige Korrektur der unvollständigen und unsystematischen Besteuerung der Wertzuwächse in der BRD deshalb in der Schwebe bleibt und unterbunden wird.

1. Einzelwerke, Aufsätze und Artikel mit Verfasserangabe

Albach, H., und M. Beckmann, Zur Reform der direkten Steuern, Ergebnisse der Gutachten von H. Albach und M. Beckmann, Wiesbaden 1970.

Albers, W., Vermögensbesteuerung, in: Public Finance, Bd. 15, La Haye 1960, S. 220 ff.

ders., Preisliche Wirkungen der Besteuerung, in: Finanzarchiv, NF Bd. 16, Tübingen 1955/56, S. 227 ff.

Amonn, A., Gerechtigkeit und Zweckmäßigkeit in der Besteuerung, in: Probleme der öffentlichen Finanzen und der Währung, Festgabe für G. Großmann, Zürich 1949, S. 3 ff.

Andel, N., Die Harmonisierung der Steuern im Gemeinsamen Markt, in: Finanzarchiv, NF Bd. 30, Tübingen 1971, S. 224 ff.

Arndt, H., Zur mikroökonomischen Analyse der Überwälzbarkeit der Einkommensteuer und zur Frage der Übertragung von Modellergebnissen auf historische Tatbestände, in: Finanzarchiv, NF Bd. 21, Tübingen 1961, S. 47 ff.

Arnim, H. H. von, Die sogenannte große Steuerreform, in: Blätter für Genossenschaftswesen, Bonn 1970, S. 393 ff.

Asch, A., und H. Oppenheimer, Das geltende Wertzuwachssteuerrecht, Berlin 1929, Erg.bd. 1932.

Bauckner, A., Die Wertzuwachsbesteuerung in Deutschland, Diss. Würzburg 1919.

Beckmann, M., unter Mitwirkung von G. Uebe, Makroökonomische Untersuchungen der Auswirkungen von Steuersystemänderungen, Wiesbaden 1970.

Beichelt, B., B. Biervert, J. Daviter, G. Schmölders und B. Strümpel, Steuernorm und Steuerwirklichkeit, Bd. 2: Steuermentalität und Steuermoral in Großbritannien, Frankreich, Italien und Spanien, in: Forschungsberichte des Landes Nordrhein-Westfalen, Nr. 2041, Köln und Opladen 1969.

Berthold, O., Ergebnisse der Wertzuwachssteuer und die Wirkungen der Steuer auf den Grundstücksumsatz, Berlin 1914.

Bickel, W., Ertragsteuern, in: HdF, 2. Aufl., Bd. 2, Tübingen 1956, S. 403 ff.

ders., Die Vermögensteuern in der Schweiz, in: Public Finance, Bd. 15, La Haye 1960, S. 246 ff.

ders., Ertragsteuern, in: HdSW, Bd. 3, Stuttgart-Tübingen-Göttingen 1961, S. 317 ff.

Binder, O., Scheingewinnbesteuerung - Eiserner Bestand - "Substanzerhaltungsrücklage", Schriftenreihe Institut "Finanzen und Steuern", Heft 11, Bonn 1951.

Bise, W., Kritische Bemerkungen zu den Auswirkungen der Steuerreform bei der Vermögen- und Erbschaftsteuer, in: Bericht über die Fachtagung 71 des Instituts der Wirtschaftsprüfer in Deutschland e. V., Düsseldorf 1971, S. 153 ff.

Boldt, W., Die Wertzuwachssteuer. Ihre bisherige Gestaltung in der Praxis und ihre Bedeutung für die Steuerpolitik der Gemeinden, Dortmund 1907, 3. Aufl. 1909.

ders., Das Reichszuwachssteuergesetz, Berlin 1911.

ders., Die Grundstückszuwachssteuer. Ihre Wiedereinführung und Neugestaltung, Berlin 1926.

Bräuer, K., Wertzuwachssteuer (Grundstücksgewinnsteuer), in: HdSt, 4. Aufl., Bd. 8, Jena 1928, S. 1017-1042.

ders., Versuch einer Neugruppierung der Steuerformen, in: Beiträge zur Finanzwissenschaft, Festgabe für G. von Schanz zum 75. Geburtstag, hrsg. v. H. Teschemacher, Bd. 2, Tübingen 1928, S. 158 ff.

Brandt, J., Die Erfassung von unberechtigten Bodenpreissteigerungen und die Abschöpfung des Grundrentenzuwachses, in: Bundesbaublatt, hrsg. v. Bundesminister für Wohnungsbau, 3. Jg., Wiesbaden 1954, S. 8 ff.

Brazer, H.E., The Carter Commission on Income and Investment, in: The Canadian Banker, Toronto 1967, S. 64-70.

Bredt, V., Der Wertzuwachs von Grundstücken und seine Besteuerung in Preußen, Berlin 1910.

Brown, H.G., Three Essays on the Taxation of Unearned Incomes, 2. Aufl., Columbia 1925, S. 67 ff.

Bruhns, K., Der Wertausgleich bei Landabgabe für Gemeindebedarf, in: Bundesbaublatt, hrsg. v. Bundesminister für Wohnungsbau, 3. Jg., Wiesbaden 1954, S. 60 f.

Brunhuber, R., Die Wertzuwachssteuer, Zur Theorie und Praxis, Jena 1906.

Buck, H., The Carter Report, in: The Canadian Banker, Toronto 1967, S. 51-63.

Carell, E., Bodenknappheit und Grundrentenbildung, Berlin, Reutlingen 1948.

Cohn, G., Taxation of Unearned Increment in Germany, in: The Journal of Political Economy, Bd. XXI, Chicago 1911, S. 1893 ff.

Damaschke, A., Die Bodenreform. Grundsätzliches und Geschichtliches zur Erkenntnis und Überwindung der sozialen Not, 20. Aufl., Jena 1923.

Daviter, J., J. Könke und O. Schwerin, Steuernorm und Steuerwirklichkeit, Bd. 1: Steuertechnik und Steuerpraxis in Frankreich, Großbritannien, Italien und Deutschland, Forschungsberichte des Landes Nordrhein-Westfalen, Nr. 2040, Köln und Opladen 1969.

Diederichs, M., Die Inflation im Spiegel der deutschen Steuerrechtsprechung, Diss. Köln 1968.

Diehl, K., Zur Kritik der Reichswertzuwachssteuer, in: Jahrbücher für Nationalökonomie und Statistik, 3. Folge, Bd. 40, Jena 1910, S. 289 ff.

Dräger, H., Der Begriff des Vermögens in der sozialpolitischen Diskussion, in: Der Mensch im sozioökonomischen Prozeß, Festschrift für W. Schreiber zum 65. Geburtstag, hrsg. v. F. Greiß, P. Herder-Dorneich, W. Weber, Berlin 1969, S. 389 ff.

Engelhardt, G., Verhaltenslenkende Wirkungen der Einkommensteuer, Ein Beitrag zum Problem der wirtschaftspolitischen Beratung, Finanzwissenschaftliche Forschungsarbeiten, hrsg. v. G. Schmölders, NF Heft 28, Berlin 1968.

Engelhardt, H., Die Kirchensteuer in der Bundesrepublik Deutschland, Bad Homburg v.d.H., Berlin, Zürich 1968.

Engländer, O., Allgemeine Steuerlehre und Steuerüberwälzung, Brünn, Prag, Leipzig, Wien 1935.

Europäische Wirtschaftsgemeinschaft Kommission, Bericht des Steuer- und Finanzausschusses 1962.

Fasselt, T., Wertsteigerungen und Veräußerungsgewinne als steuerpflichtiges Einkommen. Ein Beitrag zur Diskussion über den steuerlichen Einkommensbegriff mit einer vergleichenden Betrachtung des amerikanischen Einkommensteuerrechts, Diss. Köln 1948.

Fecht, R., Kritische Untersuchung der Einkommensbesteuerung der deutschen, französischen, US-amerikanischen und britischen Landwirtschaft, Frankfurter Wirtschafts- und Sozialwissenschaftliche Studien, Heft 25, Berlin 1970.

Felde, H.W. vom, Die volkswirtschaftliche Problematik einer Erfassung der Wertsteigerungen des Bodens, Köln 1954.

Fey, H.-J., Die Besteuerung des Vermögenszuwachses in Deutschland, Diss. Erlangen 1950.

Flämig, C., Die Berücksichtigung der schleichenden Geldentwertung im Steuerrecht, in: Steuer-Kongreß-Report 1969, München 1969, S. 425 ff.

Frapsauce, M. et E., La Taxe sur la valeur ajoutée, Conférence donnée le 27. 3. 1963, in: Bulletin de Documentation, Ministère des Finances, Bruxelles 1964: 2, S. 5-33.

Freudenfeld, F., Die Wertzuwachssteuer von Liegenschaften, 3. Aufl., Reichenberg 1923.

Gemper, B.B., Die Vermögensteuer im Rahmen der modernen allgemeinen Einkommensteuer. Eine steuerwirtschaftliche Betrachtung als Beitrag zur Gesamtsteuerreform, Volkswirtschaftliche Schriften, Heft 159, Berlin 1971.

Gerloff, W., Die Wertzuwachssteuer in Literatur und Gesetzgebung, in: Schmollers Jahrbuch, 37. Jg., München 1913, S. 1485-1497.

Gerster, M., Die Bewertung von Vermögenskomplexen, insbesondere die Bestimmung des Volksvermögens, Zürich und St. Gallen 1964.

Haerecke, F., Der Wertzuwachssteuergedanke in Deutschland, Berlin 1915.

Haller, H., Zur Problematik eines rationalen Steuersystems, in: Kieler Vorträge, NF 41, Kiel 1965.

ders., Die Steuern, Grundlinien eines rationalen Systems öffentlicher Abgaben, 2. Aufl., Tübingen 1971.

Hallgarten, R., Die kommunale Besteuerung unverdienten Wertzuwachses, England/ Stuttgart 1899.

Haman, U., Bodenwert und Stadtplanung. Deutsche und englische Ansätze zum Planungswertausgleich, Schriftenreihe des Vereins für Kommunalwissenschaften e.V. Berlin, Bd. 24, Stuttgart-Berlin-Köln-Mainz 1969.

Hansmeyer, K.H., Welche Kontroversen zeichnen sich in der Steuerreformdiskussion ab? in: Wirtschaftswoche, Der Volkswirt, 25. Jg., Nr. 15, Frankfurt 1971 (8.4.1971), S. 56 ff.

Haver, F., K.P. Mailänder und W. Hansis, Zur Rechtsgültigkeit der Artikel 2 und 3 des Bewertungsänderungsgesetzes vom 13. 8. 1965 und der hierauf beruhenden Hauptfeststellung der Einheitswerte des Grundbesitzes zum 1. 1. 1964, hrsg. v. Karl-Bräuer-Institut des Bundes der Steuerzahler, Januar 1970.

Hedtkamp, G., Das ökonomisch rationale Steuersystem, in: Weltwirtschaftliches Archiv, Bd. 86, Hamburg 1961, S. 232-285.

Heidrich, P., Die Lehre von den obersten Steuerprinzipien, Jena 1929.

Herrmann, K.A., Vermögensstatistik, in: HdSW, Bd. 11, Stuttgart-Tübingen-Göttingen 1961, S. 148 ff.

Hess, J., Steuerquote muß schrittweise angehoben werden, in: HB Nr. 138 v. 22.7.1971.

Higy, C., Die Wertzuwachssteuer in der Schweiz (Besteuerung der Liegenschaftsgewinne), in: Zeitschrift für schweizerische Statistik und Volkswirtschaft, 57. Jg., Bern 1921, S. 33 ff.

Hunziker, F., Die Grundstücksgewinnsteuer im Kanton Zürich, Diss. Zürich 1926.

Ito, H., The Methodological Basis of the Principles of Taxation, in: Finanzarchiv, NF Bd. 20, Tübingen 1960, S. 373 ff.

Jacob, H., Das Bewertungsproblem in den Steuerbilanzen, Wiesbaden 1961.

Kamp, M.E., Müssener, I., und C. Scheer, Steuerlehre, Besonderer Teil, Bonn 1970.

Kapherr, H. v., Zur Theorie und Praxis der Wertzuwachssteuer, München 1914.

Keller, T., Mehr Steuergerechtigkeit, in: Zukunftsaufgaben in Wirtschaft und Gesellschaft, Zürich, St. Gallen 1963, S. 213 ff.

ders., Steuerharmonisierung in der EWG nach den Vorschlägen des Steuer- und Finanzausschusses, in: Außenwirtschaft, 19 (1964), S. 95 ff.

Kempin, W., Grundlagen, Mängel und Wirkungen der Reichswertzuwachssteuer, Leipzig 1911.

Kirmse, K.W., Zum Problem der Bewertung von Grundstücken nach Einheitswerten und von anderen Vermögensgegenständen nach gemeinem Wert (RWP-Blattei 1971, 14 Steuer-R., D Erbschaftsteuer II A 3/71, Lfg. 832).

Kitschler, W., Entwicklungslinien der neueren Steuerinzidenzlehre, Diss. Mainz 1965.

Koch, H., Darstellung und Kritik der schweizerischen Kriegsgewinnsteuer, Diss. Zürich 1922.

Köppe, H., Die Zuwachssteuer, in: Jahrbuch der Bodenreform, hrsg. v. A. Damaschke, Bd. 2, Jena 1906, S. 1 ff.

ders., Die zeitliche Begrenzung des steuerpflichtigen Wertzuwachses, in: Jahrbuch der Bodenreform, hrsg. v. A. Damaschke, Bd. 2, Jena 1906, S. 216 ff.

ders., Ist die Wertzuwachssteuer überwälzbar?, in: Finanz-Archiv, 23. Jg., Bd. 1, Stuttgart-Berlin 1906, S. 1 ff.

Kolms, H., Finanzwissenschaft, 3. Bd.: Besondere Steuerlehre, 2. Aufl., Berlin 1966.

Krauss, M., Tax Harmonization and Allocative Efficiency in Economic Unions, in: Public Finance, Bd. 23, La Haye 1968, S. 367 ff.

Krelle, W., J. Schunck und J. Siebke, Überbetriebliche Ertragsbildung der Arbeitnehmer, Tübingen 1968.

Kumpmann, K., Die Wertzuwachssteuer, in: Zeitschrift für die gesamte Staatswissenschaft, Ergänzungsheft XXIV, Tübingen 1907.

ders., Neues zur Zuwachssteuer, in: Jahrbuch der Bodenreform, hrsg. v. A. Damaschke, Bd. 4, Jena 1908, S. 135 ff.

Lampe, A., Reine Theorie der Finanzreform, in: Finanzarchiv, NF Bd. 2, Tübingen 1934, S. 218 ff.

Laufenburger, H., Die Einkommensbesteuerung, in: HdF, 2. Aufl., Bd. 2, Tübingen 1956, S. 447 ff.

Lemcke, J., Die steuerliche Erfassung von Wertsteigerungen bei Grundstücken, Übersicht über die Lage in den wichtigsten Industriestaaten, in: Europäische Steuer-Zeitung, Heidelberg 1966, S. 467 ff.

Lent, G.E., The Taxation of Land Value, in: International Monetary Fund, Staff Papers, Washington 1967, S. 89 ff.

Lindner, H., und A. Ziegert, Bewertung und Bewertungsverfahren, in: Buchreihe Finanz und Steuern, hrsg. v. W. Hartz, Bd. 13, 7. Aufl., Stüttgart 1970.

Littmann, K., Ein Valet dem Leistungsfähigkeitsprinzip, in: Theorie und Praxis des finanzpolitischen Interventionismus, Festschrift für F. Neumark zum 70. Geburtstag, hrsg. v. H. Haller, L. Kullmer, C.S. Shoup und H. Timm, Tübingen 1970, S. 113 ff.

Luban, E., Die städtische Grundrente. Zur Kritik des Bau- und Bodenrechts, Frankfurt/Main 1952.

Luik, H., Kritische Bemerkungen zu den Auswirkungen der Steuerreform bei den Ertragsteuern, in: Bericht über die Fachtagung 71 des Instituts der Wirtschaftsprüfer in Deutschland e.V., Düsseldorf 1971, S. 145 ff.

Mann, F.K., Die Gerechtigkeit in der Besteuerung, in: Beiträge zur Finanzwissenschaft, Festgabe für G. von Schanz, Bd. 2, Tübingen 1928, S. 112 ff.

ders., Überwälzung der Steuern, in: HdSt, 4. Aufl., Bd. 8, Jena 1928, S. 336 ff.

ders., Vermögensteuer, in: HdSt, 4. Aufl., Bd. 8, Jena 1928, S. 608 ff.

ders., Die Überwälzbarkeit der Einkommen-, Vermögen-, Vermögenszuwachs- und Erbschaftsteuern, in: Kapitalbildung und Steuersystem, Verhandlungen und Gutachten der Konferenz von Eilsen, hrsg. v. G. Colm und H. Neisser, Bd. 2, Berlin 1930, S. 324 ff.

ders., Steuerpolitische Ideale, in: Finanzwissenschaftliche Forschungen, Heft 5, Jena 1937.

Mersmann, W., Vorschläge des Finanzministers Benson zur kanadischen Steuerreform, in: Deutsche Steuer-Zeitung, Ausgabe A, 58. Jg., Heidelberg 1970, S. 3 ff.

Mittelbach, R., Ordnungsmäßigkeit der Buchführung, in: Steuer-Kongreß-Report 1969, hrsg. v. der Bundeskammer der Steuerbevollmächtigten, Körperschaft des öffentlichen Rechts, Bonn, und dem Deutschen wissenschaftlichen Steuerinstitut der Steuerbevollmächtigten e.V., Bonn, München 1969, S. 241-290.

Moll, B., Zur Geschichte der Vermögensteuer, Leipzig 1911.

Müller, H.K.R., Die städtische Grundrente und die Bewertung von Baugrundstücken, Tübingen 1953.

Müller, W., Was tun gegen die leidigen Bodengewinne?, in: FAZ, Nr. 251 v. 29.10.71.

Müthling, H., Wertzuwachssteuer, in: HdSW, Bd. 12, Stuttgart-Tübingen-Göttingen 1965, S. 8 ff.

Musgrave, R.A., On Incidence, in: The Journal of Political Economy, Bd. 32 (1935), S. 306 ff.

ders., The Carter Commission Report, in: The Canadian Journal of Economics, Toronto 1968, 1, S. 159 ff.

ders., Finanztheorie, 2. Aufl., Tübingen 1969.

Nell-Breuning, O. v., Die Funktion des Grundeigentums in der Rechts- und Sozialordnung unserer Zeit, in: Wissenschaftliche Untersuchung und Vorträge des deutschen Volksheimstättenwerks, Folge 4, Bielefeld 1952.

ders., Wertzuwachssteuer, in: HdF, 2. Aufl., Bd. 2, Tübingen 1956, S. 557 ff.

ders., Bodenbeschaffung und Bodenpreisbildung, in: Der Architekt, 14. Jg. (1965), S. 4 ff.

ders., Steuern als Instrumente der Bodenpolitik, in: Theorie und Praxis des finanzpolitischen Interventionismus, Festschrift für F. Neumark zum 70. Geburtstag, hrsg. v. H. Haller, L. Kullner, C.S. Shoup, H. Timm, Tübingen 1970, S. 313 ff.

Neumann, F.J., Vermögensteuern und Wertzuwachssteuern als Ergänzung der Einkommensteuer, insbesondere in Württemberg, Tübingen 1910.

Neumark, F., Theorie und Praxis der modernen Einkommensbesteuerung, Bern 1947.

ders., Zum Problem der Klassifikation der Steuerformen, in: Beiträge zur Geld- und Finanztheorie, Festschrift für W. Gerloff zum 70. Geburtstag, hrsg. v. F. Neumark und H. Sauermann, Tübingen 1951, S. 60 ff.

ders., Einkommensteuer, in: HdSW, Bd. 3, Stuttgart-Tübingen-Göttingen 1961, S. 67 ff.

ders., Probleme der Steuerprogression, in: F. Neumark, Wirtschafts- und Finanzprobleme des Interventionsstaates, Tübingen 1961, S. 369 ff.

ders., Probleme und Methoden einer qualitativen Differenzierung (Differentiation) der steuerlichen Einkommensbelastung, in: F. Neumark, Wirtschafts- und Finanzprobleme des Interventionsstaates, Tübingen 1961, S. 391 ff.

ders., Vom Wesen der Besteuerung, in: F. Neumark, Wirtschafts- und Finanzprobleme des Interventionsstaates, Tübingen 1961, S. 335 ff.

ders., Möglichkeiten und Grenzen einer Steuerangleichung im Gemeinsamen Markt, in: Steuer-Kongreß-Report 1963, München und Berlin 1963, S. 29 ff.

ders., Grundsätze der Besteuerung in Vergangenheit und Gegenwart, in: Sitzungsberichte der Wissenschaftlichen Gesellschaft an der Johann Wolfgang Goethe-Universität Frankfurt/M., Bd. 3, Jg. 1965, Nr. 2, Wiesbaden 1965.

ders., Grundsätze gerechter und ökonomisch rationaler Steuerpolitik, Tübingen 1970.

Oberhauser, A., Bewertungsprobleme im Steuerrecht, in: HdSW, Bd. 12, Stuttgart-Tübingen-Göttingen 1965, S. 544 ff.

Pape, E., Wertzuwachssteuer - Geldentwertung, in: Deutsche Steuerzeitung, 10. Jg., Berlin 1921, Sp. 209-212.

Perin, R., Die englische Bodenwertsteuer, in: Finanz-Archiv, 30. Jg., Bd. 1, Stuttgart und Berlin 1913, S. 96 ff.

Peters, K.-H., Wertzuwachssteuer, Ein Beitrag zur Bodenreform, hrsg. v. Deutscher Verband für Wohnungswesen, Städtebau und Raumplanung e.V., Bonn 1971.

Pfannschmidt, M., Die Bodenrente in Raumwirtschaft und Raumpolitik, Bremen/Horn 1953.

ders., Die Bodenwertbesteuerung in der Steuer- und Finanzreform, Frankfurt 1956.

Pistorius, T., Direkte Zuwachs- und Kriegsgewinnsteuer, in: HdF, Bd. 2, Tübingen 1927, S. 259 ff.

ders., Wertzuwachssteuer, in: HdF, Bd. 2, Tübingen 1927, S. 324 ff.

Plehn, C.C., Study on the Incidence of an Increment Value Land Tax, in: Quarterly Journal of Economics, Bd. 32, May 1918, S. 487 ff.

Popitz, J., Einkommensteuer, in: HdSt, 4. Aufl., Bd. 4, Jena 1926, S. 400 ff.

Rau, G., und E. Dürrwächter, Die Mehrwertsteuer, 9. Aufl., Köln 1967.

Recktenwald, H.C., Zur Lehre von der Steuerüberwälzung und den Steuerwirkungen. Ein ige allgemeine und terminologische Bemerkungen, in: Finanzarchiv, NF Bd. 13, Tübingen 1951/52, S. 291 ff.

ders., Steuerüberwälzungslehre, Theoretische und empirische Verteilung von Abgaben und Kosten, in: Volkswirtschaftliche Schriften, Heft 35, 2. Aufl., Berlin 1966.

Regul, R., und W. Renner, Finanzen und Steuern in der europäischen Integration, Amsterdam 1966.

Rietz, G. du, Das Steigen des Bodenwertes und die Nutzung von Grund und Boden, in: Sparkasse, Zeitschrift des Deutschen Sparkassen- und Giroverbandes e.V., 85. Jg., Bonn 1968, S. 57 ff.

Ritzmann, W., Die Besteuerung des Wertzuwachses im Kanton Luzern, Diss. Zürich 1942.

Rose, G., Betrieb und Steuern, Grundlagen zur Betriebswirtschaftlichen Steuerlehre, Bd. 1, Die Ertragsteuern, Wiesbaden 1969.

ders., Betrieb und Steuern, Grundlagen zur Betriebswirtschaftlichen Steuerlehre, Bd. 2, Die Verkehrsteuern, Wiesbaden 1970.

ders., Konsequenzen für Unternehmer, in: Wirtschaftswoche, Der Volkswirt, 25. Jg., Heft 17, Frankfurt 1971, S. 61 ff.

Seltzer, L.H., The Nature and Tax Treatment of Capital Gains and Losses, New York 1951.

Schanz, G., Der Einkommensbegriff und die Einkommensteuergesetze, in: Finanz-Archiv, 13. Jg., Bd. 1, Stuttgart 1896, S. 1 ff.

ders., Der privatwirtschaftliche Einkommensbegriff, in: Finanz-Archiv, 39. Jg., Bd. 2, Stuttgart-Berlin 1922, S. 107 ff.

Schneider, H.K., und R. Vieregge, Die Grundsteuer in der Finanzreform. Eine Studie zur wirtschafts- und finanzpolitischen Problematik der Grundsteuer, in: Institut für Siedlungs- und Wohnungswesen der Westfälischen Wilhelms-Universität Münster, Sonderdruck 47, Münster 1969.

Schmölders, G., Leitsätze zur organischen Steuerreform, Verfaßt im Auftrag der Volkswirtschaftlichen Gesellschaft e.V., Hamburg-Altona 1949.

ders., Um ein rationales Steuersystem, in: Finanzarchiv, NF Bd. 11, Tübingen 1949, S. 479 ff.

ders., Finanzpsychologie, in: Finanzarchiv, NF Bd. 13, Tübingen 1951/52, Abschnitt V, Die Steuerüberwälzung als psychologisches Problem, S. 26 ff.

ders., Organische Steuerreform, Grundlagen, Vorarbeiten, Gesetzentwürfe, Berlin-Frankfurt 1953.

ders., Umbau des Steuersystems? Gutachten zur Frage des Abbaus der Einkommensteuer (Lohnsteuer) und der Körperschaftsteuer zugunsten einer Um- und Ausgestaltung der Umsatzsteuer, Köln 1953.

ders., Die Notwendigkeit einer organischen Steuerreform, in: Finanzarchiv, NF Bd. 14, Tübingen 1953/54, S. 21 ff.

ders., Steuersystem und Steuersystematik, in: HdF, 2. Aufl., Bd. 2, Tübingen 1956, S. 326 ff.

ders., Der fehlende Einkommensbegriff, in: Steuer und Wirtschaft, 38. Jg., München-Berlin-Göttingen-Heidelberg 1960, S. 75 ff.

ders., Das Gerechtigkeitspostulat in der Besteuerung, in: Finanzarchiv, NF Bd. 23, Tübingen 1963, S. 53 ff.

ders., Allgemeine Steuerlehre, 4. Aufl., Berlin 1965.

ders., Kölner Grundsätze zur Berechnung der Kirchensteuer, Gutachten im Auftrage des Kirchlichen Wirtschaftsbeirates der Evangelischen Kirche im Rheinland, Köln 1965.

ders., Finanzpolitik, 3. Aufl., Berlin-Heidelberg-New York 1970.

ders., Finanz- und Steuerpsychologie. Das Irrationale in der öffentlichen Finanzwirtschaft, erweiterte Auflage von: Das Irrationale in der öffentlichen Finanzwirtschaft, Reinbek bei Hamburg 1970.

ders., Permanente Steuerreform, in: Steuer und Wirtschaft, 1. (48.) Jg., Köln 1971, S. 37 ff.

Schrameier, W., Aus Kiautschous Verwaltung: Die Land-, Steuer- und Zollpolitik des Kiautschougebietes, Jena 1914.

Shoup, C.S., Kriegsgewinn- und Wertzuwachssteuern, in: HdF, Bd. 2, 2. Aufl., Tübingen 1956, S. 502 ff.

ders., The White Paper: Accrual Accounting for Capital Gains and Losses, in: Canadian Tax Journal, March-April Issue 1970, S. 96 ff.

Steiger, J., Die Wertzuwachssteuer in Deutschland und der Schweiz, Zürich 1910.

Stier - Somlo, Grundsätzliches und Tatsächliches zur Wertzuwachssteuer, in: Jahrbücher für Nationalökonomie und Statistik, 3. Folge, Bd. 37, Jena 1909, S. 1 ff.

Strigl, R., Ertrag, in: HdSt, 4. Aufl., Bd. 3, Jena 1926, S. 840 ff.

Strümpel, B., Sozioökonomischer Wandel und die Durchsetzbarkeit der Besteuerung, in: Finanzarchiv, NF Bd. 25, Tübingen 1966, S. 442 ff.

Strutz, G., Betrachtungen zur Reichszuwachssteuer, Berlin 1910.

ders., Der Wertzuwachs im Reichszuwachssteuergesetz, in: Finanz-Archiv, 28. Jg., Bd. 2, Stuttgart und Berlin 1911, S. 1 ff.

ders., Die Reichszuwachssteuer von sozialpolitischen Gesichtspunkten, in: Annalen für soziale Politik und Gesetzgebung, hrsg. v. H. Braun, Bd. 1, Berlin 1912, S. 8 ff.

Süß, G., Die Besteuerung des unverdienten Grundwertzuwachses, unter Benutzung amtlichen Materials, München 1914.

Tautscher, A., Die Vermögensubstanzsteuer, in: Zeitschrift für Nationalökonomie, Bd. 13, Wien 1950/52, S. 308 ff.

Tempel, A.J. van den, Körperschaftsteuer und Einkommensteuer in den Europäischen

Gemeinschaften, hrsg. v. Kommission der Europäischen Gemeinschaften, Reihe Wettbewerb, Rechtsangleichung Nr. 15, Brüssel 1971.

Tiepelmann, K., Die Problematik der Vermögensteuer, in: Finanzwissenschaftliche Forschungsarbeiten, hrsg. v. G. Schmölders, NF Heft 26, Berlin 1963.

Tuntke, R., Die Behandlung der Bodenwertsteigerungen im englischen Recht unter besonderer Berücksichtigung der "development charge" und der Gesetzgebung über die "Land Commission", Diss. Köln 1969/70.

Wagner, Adolph, Finanzwissenschaft, 2. Teil, 2. Aufl., Leipzig 1890.

ders., Die finanzielle Mitbeteiligung der Gemeinden an kulturellen Staatseinrichtungen und die Entwicklung der Gemeindeeinnahmen mit besonderem Bezug auf preußische Verhältnisse, Jena 1904.

ders., Zur Rechtfertigung der Zuwachssteuer, in: Jahrbuch der Bodenreform, hrsg. v. A. Damaschke, Bd. 2, Jena 1906, S. 81 ff.

ders., Staatliche Zuwachssteuer, in: Jahrbuch der Bodenreform, hrsg. v. A. Damaschke, Bd. 4, Jena 1908, S. 81 ff.

Weber, Adolf, Über die Wertzuwachssteuer, in: Sonderabdruck aus Kritische Blätter für die gesamten Sozialwissenschaften, Bd. 3, Berlin 1907.

Weil, B., Die Behandlung des unverdienten Wertzuwachses am Boden in der französischen Gesetzgebung, in: Jahrbuch der Bodenreform, hrsg. v. A. Damaschke, Bd. 4, Jena 1908, S. 161 ff.

Weyermann, M., Die Überwälzungsfrage bei der Wertzuwachssteuer, Annalen des Deutschen Reiches 1910, 2. Deutschland. Amtliche Mitteilungen über die Zuwachssteuer, hrsg. im Reichsschatzamt, 1911 ff.

Zachmann, M., Die Grundgedanken des Teilwertes, Diss. Tübingen 1955.

Zimmermann, H., Die Problematik der steuerlichen Bewertung in betriebswirtschaftlicher Sicht, Diss. Mannheim/Heidelberg 1957.

Zink, G., Neue Aspekte einer Vermögensbildung durch Besteuerung, in: Wirtschaftsdienst, 52. Jg., Hamburg 1972, S. 314 ff.

ders., Die gegenwärtige Diskussion über eine Bodenwertzuwachssteuer, ebenda, 53. Jg. (1973), S. 140 ff.

Zink, G., und W. Liedschulte, Die Erfassung und Besteuerung der Wertzuwächse im derzeitigen Steuersystem der Bundesrepublik Deutschland, in: Steuer und Wirtschaft, 1. (48.) Jg., Köln 1971, S. 45 ff.

2. Veröffentlichungen ohne Verfasserangabe

Abschreibungen auf das geistige Kapital?, in: HB, Nr. 106 v. 4./5.6.1971.

Abschreibungen auf Gemälde im Büro grundsätzlich möglich, in: HB, Nr. 213 v. 5./6. 11.1971.

Ackerland wurde 50 Mrd. mehr wert, in: HB, Nr. 228 v. 27./28.11.1970.

Bauern: Lieber Steuer- als Bodenrecht, Heremann zur steuerlichen Behandlung von Veräußerungsgewinnen, in: HB, Nr. 175 v. 14.9.1970.

Baulandsteuer hat Chancen, in: HB, Nr. 61 v. 29.3.1971.

Bericht des Finanzpolitischen Ausschusses des Vorläufigen Reichswirtschaftsrates über die Besteuerung der Inflationsgewinne, in: Reichstag III, Wahlperiode 1924/25, Drucksache Nr. 1103, ausgegeben am 3.7.1925.

Besteuerung des Wertzuwachses?, in: HB, Nr. 40 v. 26./27.2.1971.

Bundesbaugesetz, Stellungnahme zu den Problemen und dem Inhalt der Gesetzentwürfe, hrsg. v. Zentralverband der Deutschen Haus- und Grundbesitzer, Düsseldorf 1957.

Denkschrift über den Ausbau der Besteuerung von Inflationsgewinnen, hrsg. im Reichsfinanzministerium, in: Reichstag III, Wahlperiode 1924/25, Drucksache Nr. 803, ausgegeben am 23.4.1925.

Der Weg zu einem zeitgemäßen Steuersystem, Diskussionsbeiträge zur Reform des materiellen Steuerrechts, hrsg. v. Karl-Bräuer-Institut des Bundes der Steuerzahler e. V., Heft 20, Wiesbaden 1971.

Die Besteuerung von Kunstgegenständen, in: HB, Nr. 98 v. 24.5.1971.

Die Bewertung von Kunstgegenständen, in: HB, Nr. 106 v. 4./5.6.1971.

Die Steuervorschläge der SPD - neun Milliarden Mark Mehreinnahmen, Bodengewinne werden abgeschöpft, in: FAZ, Nr. 270 v. 22.11.1971.

Empfehlungen zur Steuerreform, in: FAZ, Nr. 77 v. 1.4.1971.

"Erdrosselungssteuern" bei Grund und Boden sind illegal, in: HB, Nr. 165 v. 30.8.1971.

Excerpts from Report Royal Commission on Taxation. Introduction, Conclusions and Recommendations, in: Canadian Tax Journal, Toronto 1967, S. 79-219.

FDP-Führung für harte Maßnahmen gegen die Bodenspekulation, in: FAZ, Nr. 223 v. 27.9.1971.

FDP will Zuwachssteuer auf Bodenwert, in: HB, Nr. 186 v. 28.9.1971.

Gemischt genutzte Grundstücke, in: HB, Nr. 129 v. 9./10.7.1971.

Gewinn aus Grundstückverkäufen künftig voll besteuert, in: HB, Nr. 240 v. 15.12.1970.

Grundgesetz gestattet neues Bodenrecht, in: HB, Nr. 45 v. 5./6.3.1971.

Gutachten der Steuerreformkommission 1971, in: Schriftenreihe des Bundesministeriums der Finanzen, Heft 17, Bonn 1971.

Gutachten des Schätzungsausschusses zur Vorbereitung der Einheitsbewertung des Grundvermögens über die Bewertung des Grundvermögens, hrsg. v. Bundesminister der Finanzen, Bonn 1955.

Gutachten zur Reform der direkten Steuern (Einkommensteuer, Körperschaftsteuer, Vermögensteuer und Erbschaftsteuer) in der Bundesrepublik Deutschland, erstattet vom Wissenschaftlichen Beirat beim Bundesministerium der Finanzen (11.2.1967), in: Schriftenreihe des Bundesministeriums der Finanzen, Heft 9, Bonn 1967.

Höhere Einheitswerte: Wie beugt man vor, in: HB, Nr. 189 v. 1./2.10.1971.

Keine Steuerprivilegien mehr bei Verkauf von Grundstücken, in: IK, Nr. 98 v. 4.7.1970.

Kein Präzedenzfall für "Wertzuwachssteuer", Capital gains in der EWG steuerfrei, in: HB, Nr. 206 v. 27.10.1970.

Neues Steuerrecht für Bodengewinne, in: HB, Nr. 71 v. 30.4./1.5.1971.

Neue Steuern können konfiskatorisch sein, in: HB, Nr. 191 v. 5.10.1971.

Nur inflationäre Scheingewinne, in: FAZ, Nr. 78 v. 2.4.1971.

Organische Steuerreform, Bericht des Wissenschaftlichen Beirats beim Bundesministerium der Finanzen an den Herrn Bundesminister der Finanzen (14. 2. 1953), hrsg. v. Bundesministerium der Finanzen, Bonn 1953.

SPD will Bodenspekulation durch Sondersteuer den Boden entziehen, in: HB, Nr. 138 v. 22. 7. 1971.

Spekulationsgewinn vermeidbar, in: HB, Nr. 63 v. 31. 3. 1971.

Steuer auf Schaugewinne, in: HB, Nr. 211 v. 3. 11. 1970.

Steuerreform 1974 - Die Beschlüsse der Bundesregierung vom 11. Juni 1971 über Eckwerte und Grundsätze, in: Bulletin, hrsg. v. Presse- und Informationsamt der Bundesregierung, Nr. 95 (Sonderausgabe), Bonn 1971, S. 993 ff.

Steuervergünstigungen nach dem Gesetz über die Städtebauförderung, in: HB, Nr. 204 v. 22./23. 10. 1971.

Steuerzahler und -beamte fördern einfachere Steuergesetze, in: HB, Nr. 203 v. 21. 10. 71.

Stellungnahme zu dem Entwurf eines Gesetzes über Steuererleichterungen bei Änderung der Unternehmensform, erstattet vom Wissenschaftlichen Beirat beim Bundesministerium der Finanzen (25. 1. 1969), in: Schriftenreihe des Bundesministeriums der Finanzen, Heft 11, S. 31 ff.

Tax Reform 1969, Hearings before the Committee on Ways and Means House of Representatives, 91st Congress, 1st Session on the Subject of Tax Reform, Part 12 of 15 (March 28, April 1 and 2, 1969), Washington D. C.: Superintendent of Documents, 1969.

Überhöhte Einheitswerte im Wohnungsbau, in: HB, Nr. 78 v. 23./24. 4. 1971.

Urteil des Bundesverfassungsgerichtes vom 11. 5. 1970, in: BGBl I, S. 1145.

Von der Bedeutung der Bodenwertbesteuerung, insbesondere von ihrer Abwälzbarkeit auf Pächter und Mieter, in: Jahrbuch der Bodenreform, hrsg. v. A. Damaschke, Bd. 3, Jena 1907, S. 68 ff., 146 ff., 229 ff., 300 ff.

Vermögenszuwachsbesteuerung im Rahmen des Lastenausgleichs?, hrsg. v. Institut "Finanzen und Steuern", Bonn 1950.

Vorschläge der Steuerreformkommission beim Parteivorstand der SPD, in: Materialien zum Außerordentlichen Parteitag, 18.-20. 11. 1971, Steuerreform IV.

Vorstellungen und Pläne zur Steuerreform in der SPD, in: Berichte des Deutschen Industrieinstituts zur Wirtschaftspolitik, 4. Jg., Nr. 5, Köln 1970.

Wenig zimperliche Bodensteuerpläne, in: HB, Nr. 90, v. 11. 5. 1971.

Wer den Schaden hat - muß dafür auch noch zahlen, Vermögensteuerwerte für Aktienbesitz sind überholt, in: HB, Nr. 5 v. 8./9. 1. 1971.

Wertzuwachssteuer auf Grundstücke, in: Berichte und Informationen, hrsg. v. Europäische Gemeinschaften, Verbindungsbüro Bonn, Nr. 51/1969, S. 10 ff.

Wertzuwachssteuer auf Grundstücke in den Mitgliedstaaten der EWG, Antwort auf die schriftliche Anfrage Nr. 241/69 von Herrn Spénale an die Kommission der Europäischen Gemeinschaften, Brüssel 19. 11. 1969.

Zur gegenwärtigen Problematik der Gemeindefinanzen, Gutachten des Wissenschaftlichen Beirats beim Bundesministerium der Finanzen, abgeschlossen am 11. 7. 1959.

Zur Reform der direkten Steuern, Ergebnisse der Gutachten von H. Albach und M. Beckmann, Wiesbaden 1970.

3. Gesetze, Richtlinien und Verwaltungsvorschriften

Allgemeine Verwaltungsvorschrift für die Erbschaftsteuer (ErbStV) vom 19. 1. 1962, BStBl I, S. 472.

Bewertungsgesetz 1934 (BewG 1934) vom 16. 10. 1934 (RGBl I, S. 1035), zuletzt geändert durch das Steueränderungsgesetz 1965 vom 14. 5. 1965 (BGBl I, S. 377).

Bewertungsgesetz 1965 (BewG 1965) in der Fassung vom 10. 12. 1965 (BGBl I, S. 1861), zuletzt geändert durch das Zweite Steueränderungsgesetz 1971 vom 10. 8. 1971 (BGBl I, S. 1266).

Bundesbaugesetz vom 23. 6. 1960 (BGBl I, S. 341), zuletzt geändert durch das Gesetz zur Änderung grundsteuerlicher Vorschriften vom 12. 4. 1961 (BGBl I, S. 425).

Das deutsche Reichs-Zuwachssteuergesetz (RGBl 1911, Nr. 6, S. 33), wieder abgedruckt in: Peters, K.-H., Wertzuwachssteuer, Ein Beitrag zur Bodenreform, hrsg. v. Deutschen Verband für Wohnungswesen, Städtebau und Raumplanung e. V., Bonn 1971, S. 25 ff.

Einkommensteuer-Durchführungsverordnung (EStDV 1969) in der Fassung der Verordnung vom 21. 4. 1970 (BGBl I, S. 373).

Einkommensteuergesetz (EStG 1969) vom 12. 12. 1969 (BGBl I, S. 2265), zuletzt geändert durch das Gesetz vom 10. 8. 1971 (BGBl I, S. 1266).

Einkommensteuerrichtlinien für das Kalenderjahr 1969 (EStR 1969) vom 27. 5. 1970 (BAnz Nr. 105, Beilage/BStBl I, S. 523, ber. 1041).

Entwurf eines Gesetzes über eine Abgabe vom Vermögenszuwachs aus der Nachkriegszeit, in: Reichstagsdrucksache Nr. 2864 vom 24. 10. 1921.

Entwurf eines Gesetzes zur Änderung bewertungsrechtlicher Vorschriften (Bewertungsänderungsgesetz 1971), in: Bundestagsdrucksache VI/1888 vom 27. 2. 1971 und Bundesratsdrucksache 351/71 vom 25. 6. 1971.

Entwurf eines Vermögenszuwachssteuergesetzes, in: Reichstagsdrucksache Nr. 2863 v. 24. 10. 1921 (verkündet am 8. 4. 1922 als "Das Deutsche Reichsvermögenszuwachssteuergesetz", RGBl 1922, Teil I, Nr. 30, S. 346).

Erbschaftsteuergesetz (ErbStG) vom 22. 8. 1925 (RGBl I, S. 320) in der Fassung der Bekanntmachung v. 1. 4. 1959 (BGBl I, S. 188, ber. S. 667), zuletzt geändert durch das Steueränderungsgesetz 1971 vom 23. 12. 1970 (BGBl I, S. 1856).

Erstes Wohnungsbaugesetz (WohnBauG) in der Fassung vom 25. 8. 1953 (BGBl I, S. 1047), zuletzt geändert durch das Gesetz vom 17. 7. 1968 (BGBl I, S. 821).

Gesetz über die Ermittlung des Gewinns aus Land- und Forstwirtschaft nach Durchschnittsätzen (GDL) vom 15. 9. 1965 (BGBl I, S. 1350) in der Fassung des Steueränderungsgesetzes 1968 vom 20. 2. 1968 (BGBl I, S. 141) und des Zweiten Steueränderungsgesetzes 1971 vom 10. 8. 1971 (BGBl I, S. 1266).

Gesetz über steuerliche Maßnahmen bei Änderung der Unternehmensform vom 14. 8. 1969 (BGBl I, S. 1163).

Gesetz über steuerliche Maßnahmen zur Förderung von privaten Kapitalanlagen in Entwicklungsländern (Entwicklungshilfe-Steuergesetz 1968) vom 15. 3. 1968 (BGBl I, S. 217), geändert durch das Zweite Steueränderungsgesetz 1971 vom 10. 8. 1971 (BGBl I, S. 1266).

Gesetz zur Änderung des Bewertungsgesetzes vom 13. 8. 1965 (BGBl I, S. 851), zuletzt geändert durch das Bewertungsänderungsgesetz (BewÄndG) vom 27. 7. 1971 (BGBl I, S. 1157).

Gesetz zur Änderung bewertungsrechtlicher und anderer steuerrechtlicher Vorschriften (Bewertungsänderungsgesetz 1971 - BewÄndG 1971) vom 27. 7. 1971 (BGBl I, S. 1157).

Gewerbesteuer-Durchführungsverordnung (GewStDV 1968) in der Fassung vom 22. 10. 1969 (BGBl I, S. 2037).

Gewerbesteuergesetz (GewStG 1968) in der Fassung vom 20. 10. 1969 (BGBl I, S. 2021), zuletzt geändert durch das Steueränderungsgesetz 1971 vom 23. 12. 1970 (BGBl I, S. 1856), Bewertungsänderungsgesetz 1971 vom 27. 7. 1971 (BGBl I, S. 1157) und Gewerbesteueränderungsgesetz vom 27. 8. 1971 (BGBl I, S. 1425).

Gewerbesteuer-Richtlinien 1969 (GewStR 1969) vom 25. 5. 1970 (BAnz Nr. 98, Beilage).

Grunderwerbsteuergesetz (GrEStG) vom 29. 3. 1940 (RGBl I, S. 585).

Grundsteuergesetz (GrStG) vom 1. 12. 1936 in der Fassung der Bekanntmachung vom 10. 8. 1951 (BGBl, S. 519, ber. S. 790), zuletzt geändert durch das Gesetz vom 24. 8. 1965 (BGBl I, S. 905).

Grundsteuererlaßverordnung (GrStErlV) vom 26. 3. 1952 (BGBl I, S. 209, BStBl I, S. 221) in der Fassung der Verordnung zur Änderung grundsteuerlicher Vorschriften vom 31. 7. 1961 (BGBl I, S. 1118).

Grundsteuer-Durchführungsverordnung (GrStDV) in der Fassung der Bekanntmachung vom 29. 1. 1952 (BGBl I, S. 79; BStBl I, S. 87), zuletzt geändert durch Verordnung zur Änderung grundsteuerlicher Vorschriften vom 31. 7. 1961 (BGBl I, S. 1118).

Grundsteuer-Richtlinien (GrStR) vom 10. 4. 1954 (BAnz Beilage zu Nr. 73; BStBl 1954 I, S. 184).

Kapitalverkehrsteuergesetz (KVStG 1959) in der Fassung vom 24. 7. 1959 (BGBl I, S. 530), zuletzt geändert durch das Gesetz vom 15. 8. 1969 (BGBl I, S. 1182).

Körperschaftsteuergesetz (KStG 1968) in der Fassung vom 13. 10. 1969 (BGBl I, S. 1869).

Körperschaftsteuer-Richtlinien für das Kalenderjahr 1969 (KStR 1969) vom 3. 7. 1970 (BAnz Nr. 125, Beilage).

Reichsabgabenordnung (AO) vom 22. 5. 1931 (RGBl I, S. 161), zuletzt geändert durch das Finanzanpassungsgesetz vom 30. 8. 1971 (BGBl I, S. 1426).

Richtlinien für die Bewertung des Grundvermögens (BewRGr) vom 19. 9. 1966 (BAnz Nr. 183, Beilage).

Umsatzsteuergesetz (Mehrwertsteuer) (UStG 1967) vom 29. 5. 1967 (BGBl I, S. 545) in der Fassung des Gesetzes vom 23. 12. 1969 (BGBl I, S. 2381), zuletzt geändert durch Bewertungsänderungsgesetz 1971 vom 27. 7. 1971 (BGBl I, S. 1157) und Finanzanpassungsgesetz vom 30. 8. 1971 (BGBl I, S. 1426).

Vermögensteuer-Durchführungsverordnung (VStDV) in der Fassung vom 19. 8. 1963 (BGBl I, S. 689).

Vermögensteuergesetz (VStG) in der Fassung vom 10. 6. 1954 (BGBl I, S. 137; BStBl I, S. 296, ber. S. 417), zuletzt geändert durch das Steueränderungsgesetz 1971 vom 23. 12. 1970 (BGBl I, S. 1856).

Vermögensteuer-Richtlinien für die Vermögensteuer-Hauptveranlagung 1969 (VStR 1969) vom 17. 5. 1969 (BAnz Nr. 96, Beilage).

Zweites Steueränderungsgesetz 1971 vom 10. 8. 1971 (BGBl I, S. 1266).

4. Kommentare

Blümich, W., und L. Falk, Einkommensteuergesetz, 9. Aufl., Berlin/Frankfurt 1964.

dies., Einkommensteuergesetz, 10. Aufl., München 1971.

Eisenblätter, K., Vermögensteuer - Kommentar, 2. Aufl., Herne und Berlin 1970.

Kapp, R., und J. Ebeling, Erbschaft- und Schenkungsteuer - Kommentar, 3. Aufl., Herne - Berlin 1970.

Loos, G., Umwandlungs-Steuergesetz 1969, 2. Aufl., Loseblatt-Sammlung, Stand: März 1971, Düsseldorf o. J.

Megow, H., Erbschaftsteuergesetz - Kommentar, 5. Aufl., Berlin und Frankfurt 1970.

Rössler, R., und M. Troll, Bewertungsgesetz und Vermögenssteuergesetz, 8. Aufl., Berlin - Frankfurt 1968.

Troll, M., Vermögensteuer - Kommentar, Berlin und Frankfurt 1960.

Weckerle, W., und A. Dürschke, Vermögensteuergesetz - Kommentar, 3. Aufl., München und Berlin 1956.

Anmerkungen

(1) Vgl. das Urteil des Bundesverfassungsgerichtes vom 11. 5. 1970 (BGBl I, S. 1145): "Es ist mit Artikel 3 Absatz 1 des Grundgesetzes nicht vereinbar, daß nach § 4 Absatz 1 Satz 5 des Einkommensteuergesetzes in der Fassung vom 23. 9. 1958 - EStG 1958 - (BGBl I, S. 673) - gleichlautend mit den späteren Fassungen des Einkommensteuergesetzes - bei der Gewinnermittlung aus einer Veräußerung oder Entnahme der Wert des Grund und Bodens bei Landwirten in jedem Fall außer Ansatz bleibt."

(2) Die Vielfalt der Meinungen in der gegenwärtigen Wertzuwachsdiskussion spiegelt sich u. a. wider in den folgenden Veröffentlichungen: Der Weg zu einem zeitgemäßen Steuersystem, Diskussionsbeiträge zur Reform des materiellen Steuerrechts, hrsg. v. Karl-Bräuer-Institut des Bundes der Steuerzahler e. V., Heft 20, Wiesbaden 1971, S. 92 f., 155 ff.; Gutachten der Steuerreformkommission 1971, in: Schriftenreihe des Bundesministeriums der Finanzen, Heft 17, Bonn 1971, S. 68 ff.; Nell-Breuning, O. v., Steuern als Instrumente der Bodenpolitik, in: Theorie und Praxis des finanzpolitischen Interventionismus, Festschrift für F. Neumark zum 70. Geburtstag, hrsg. v. H. Haller, L. Kullmer, C.S. Shoup, H. Timm, Tübingen 1970, S. 313 ff.; Vorschläge der Steuerreformkommission beim Parteivorstand der SPD, in: Materialien zum Außerordentlichen Parteitag 18.-20. 11. 1971, Steuerreform IV, S. 22 ff.; Vorstellungen und Pläne zur Steuerreform in der SPD, in: Berichte des Deutschen Industrieinstituts zur Wirtschaftspolitik, Jg. 4 (1970), Nr. 5, S. 44 f.; Peters, K.-H., Wertzuwachssteuer, Ein Beitrag zur Bodenreform, hrsg. v. Deutscher Verband für Wohnungswesen, Städtebau und Raumplanung e. V., Bonn 1971.

(3) Vgl. Hedtkamp, G., Das ökonomisch rationale Steuersystem, in: Weltwirtschaftliches Archiv, Bd. 86 (1961/I), Hamburg 1961, S. 238 ff. und die dort angegebene Literatur. Siehe ferner Schmölders, G., Allgemeine Steuerlehre, 4. Aufl., Berlin 1965, S. 63 ff.; Haller, H., Die Steuern, Grundlinien eines rationalen Systems öffentlicher Abgaben, 2. Aufl., Tübingen, 1971, passim; Neumark, F., Vom Wesen der Besteuerung, in: F. Neumark, Wirtschafts- und Finanzprobleme des Interventionsstaates, Tübingen 1961, S. 335 ff.

(4) Vgl. u.a. Strigl, R., Ertrag, in: HdSt, 4. Aufl., Bd. 3, Jena 1926, S. 840; Bickel, W., Ertragsteuern, in: HdSW, Bd. 3, Stuttgart-Tübingen-Göttingen 1961, S. 317; ders., Ertragsteuern, in: HdF, 2. Aufl., Bd. 2, Tübingen 1956, S. 403.

(5) Vgl. u.a. Neumark, F., Theorie und Praxis der modernen Einkommensbesteuerung, Bern 1947, S. 34 ff.; ders., Einkommensteuer, in: HdSW, Bd. 3, Stuttgart-Tübingen-Göttingen 1961, S. 68; Popitz, J., Einkommensteuer, in: HdSt, 4. Aufl., Bd. 3, Jena 1926, S. 406 ff.; Laufenburger, H., Die Einkommensbesteuerung, in: HdF, 2. Aufl., Bd. 2, Tübingen 1956, S. 460 ff.

(6) Tiepelmann, K., Die Problematik der Vermögensteuer, in: Finanzwissenschaftliche Forschungsarbeiten, hrsg. v. G. Schmölders, NF Heft 26, Berlin 1963, S. 45. Zur weiteren Begriffsklärung vgl. u.a. Moll, B., Zur Geschichte der Vermögensteuer, Leipzig 1911; Mann, F.K., Vermögensteuer, in: HdSt, 4. Aufl., Bd. 8, Jena 1928, S. 608 ff.

(7) Es lassen sich aus Vergangenheit und Gegenwart mannigfache Beispiele dafür anführen, daß der Wertzuwachs von Wirtschaftsgütern als Anknüpfungspunkt für die Besteuerung gewählt worden ist. Vgl. hierzu den kurzen Überblick von Bräuer, K., Wertzuwachssteuer (Grundstücksgewinnsteuer), in: HdSt, 4. Aufl., Bd. 8, Jena 1928, S. 1028 ff. Vgl. ferner insbesondere Gerloff, W., Die Wertzuwachssteuer in Literatur und Gesetzgebung, in: Schmollers Jahrbuch, 37. Jg., München 1913, S. 1485 ff.; Seltzer, L.H., The Nature and Tax Treatment of Capital Gains and Losses, New York 1951, S. 254 ff.; Gutachten der Steuerreformkommission 1971, in: Schriftenreihe des Bundesministeriums der Finanzen, Heft 17, Bonn 1971, passim.

(8) Siehe u.a. Boldt, W., Die Grundstückszuwachssteuer, Ihre Wiedereinführung und Neugestaltung, Berlin 1926; Bräuer, K., Wertzuwachssteuer (Grundstücksgewinnsteuer), in: HdSt, 4. Aufl., Bd. 8, Jena 1928, S. 1017 ff.; Felde, H.W. vom, Die volkswirtschaftliche Problematik einer Erfassung der Wertsteigerungen des Bodens, Köln 1954; Fey, H.-J., Die Besteuerung des Vermögenszuwachses in Deutschland, Diss. Erlangen 1950; Gerloff, W., Die Wertzuwachssteuer in Literatur und Gesetzgebung, in: Schmollers Jahrbuch, 37. Jg., München 1913, S. 1485 ff.; Haman, U., Bodenwert und Stadtplanung, in: Schriftenreihe des Vereins für Kommunalwissenschaften e.V. Berlin, Bd. 24, Stuttgart-Berlin-Köln-Mainz 1969; Kolms, H., Finanzwissenschaft, Bd. 3: Besondere Steuerlehre, 2. Aufl., Berlin 1966, S. 87 ff.; Müthling, H., Wertzuwachssteuer, in: HdSW, Bd. 12, Stuttgart-Tübingen-Göttingen 1965, S. 8 ff.; Nell-Breuning, O. von, Wertzuwachssteuer, in: HdF, 2. Aufl., Bd. 2, Tübingen 1956, S. 557 ff.; ders., Steuern als Instrumente der Bodenpolitik, in: Theorie und Praxis des finanzpolitischen Interventionismus, Festschrift für F. Neumark zum 70. Geburtstag, hrsg. v. H. Haller, L. Kullmer, C.S. Shoup, H. Timm, Tübingen 1970, S. 313 ff.; Pistorius, T., Direkte Zuwachs- und Kriegsgewinnsteuer, in: HdF, Bd. 2, Tübingen 1927, S. 259 ff.; ders., Wertzuwachssteuer, in: HdF, Bd. 2, Tübingen 1927, S. 324 ff.; Seltzer, L.H., The Nature and Tax Treatment of Capital Gains and Losses, a.a.O.; Shoup, C.S., Kriegsgewinn- und Wertzuwachssteuern, in: HdF, Bd. 2, 2. Aufl., Tübingen 1956, S. 502 ff.; Strutz, G., Betrachtungen zur Reichszuwachssteuer, Berlin 1910; Vermögenszuwachsbesteuerung im Rahmen des Lastenausgleichs? hrsg. v. Institut "Finanzen und Steuern", Bonn 1950.

(9) Das gleiche Ergebnis (DM 11.000,-- Wertzuwachs) ergibt sich, wenn die Wertsteigerung von 100.000 DM auf 120.000 DM (= DM 20.000) um die die Substanzveränderung ausmachenden Aufwendungen in Höhe von 9.000 DM gekürzt wird.

(10) Zum Problem der Berücksichtigung der Inflation im Steuerrecht vgl. Flämig, C., Die Berücksichtigung der schleichenden Geldentwertung im Steuerrecht, in: Steuer-Kongreß-Report 1969, München 1969, S. 425 ff.; Luik, H., Kritische Bemerkungen zu den Auswirkungen der Steuerreform bei den Ertragsteuern, in: Bericht über die Fachtagung 71 des Instituts der Wirtschaftsprüfer in Deutschland e.V., Düsseldorf 1971, S. 146 f.; Diederichs, M., Die Inflation im Spiegel der deutschen Steuerrechtsprechung, Diss. Köln 1968.

(11) Vgl. Schanz, G., Der Einkommensbegriff und die Einkommensteuergesetze, in: Finanz-Archiv, 13. Jg., Bd. 1, Stuttgart 1896, S. 1-87 (insbesondere S. 42 ff.).

(12) Siehe u.a. die Begründung zum Entwurf eines Vermögenszuwachssteuergesetzes, Reichstagsdrucksache Nr. 2863 v. 24.10.1921, S. 6 ff. (verkündet am 8.4.1922 als "Das Deutsche Reichsvermögenszuwachssteuergesetz", RGBl 1922, Teil I, Nr. 30, S. 346); Begründung zum Entwurf eines Gesetzes über eine Abgabe vom Vermögenszuwachs aus der Nachkriegszeit, Reichstagsdrucksache Nr. 2864 v. 24.10.1921, S. 9 ff.; Gutachten der Steuerreformkommission 1971, a.a.O., S. 68 ff.; Haller, H., Die Steuern, 2. Aufl., a.a.O., S. 60 f., 168; Neumark, F., Grundsätze gerechter und ökonomisch rationaler Steuerpolitik, Tübingen 1970, S. 136 f.; Schanz, G., Der Einkommensbegriff und die Einkommensteuergesetze, a.a.O., S. 5, 23; Seltzer, L.H., a.a.O., passim.

(13) Wenn die Personen A und B gleich hohen Lohn beziehen, dürfte es schwierig sein zu entscheiden, welche von beiden ihn unter Umständen mehr "verdient" hat als die andere.

(14) Zu den folgenden Überlegungen vgl. Pistorius, T., Direkte Zuwachs- und Kriegsgewinnsteuer, a.a.O., S. 159 ff.; ders., Wertzuwachssteuer, a.a.O., S. 324 ff.; siehe auch Kolms, H., Finanzwissenschaft, Bd. 3, 2. Aufl., Berlin 1966, S. 87 ff.; Bräuer, K., Versuch einer Neugruppierung der Steuerformen, in: Beiträge zur Finanzwissenschaft, Festgabe für G. von Schanz zum 75. Geburtstag, hrsg. v. H. Teschemacher, Bd. 2, Tübingen 1928, S. 180 ff.

(15) Die negative Differenz stellt einen Wertverlust dar, der je nach Intention des Gesetzgebers mit später auftretenden Wertzuwächsen verrechnet oder nicht verrechnet werden kann.

(16) Pistorius, T., Direkte Zuwachs- und Kriegsgewinnsteuer, a.a.O., S. 159.

(17) Siehe Abschnitt C 1.

(18) Der 2 %ige Zuschlag zur Grunderwerbsteuer, der gem. § 15 Abs. 1 der Steuervereinfachungsverordnung vom 14.9.1944 den Stadt- und Landkreisen als Ersatz für die Aufhebung der Wertzuwachssteuer gewährt worden ist, soll hier unbeachtet bleiben, "da ein eindeutiger Zusammenhang zwischen Bodenzuwachs und Höhe der Steuer nicht mehr besteht", Kolms, H., Finanzwissenschaft, Bd. 3, a.a.O., S. 97. Siehe auch Kamp, M.E., Müssener, J. und C. Scheer, Steuerlehre, Besonderer Teil, Bonn 1970, S. 196; Nell-Breuning, O. von, Steuern als Instrumente der Bodenpolitik, a.a.O., S. 325.

(19) Vgl. Zink, G., und W. Liedschulte, Die Erfassung und Besteuerung der Wertzuwächse im derzeitigen Steuersystem der Bundesrepublik Deutschland, in: Steuer und Wirtschaft, 1. (48.) Jg., Köln 1971, S. 45 ff.

(20) Aus der umfangreichen Literatur seien lediglich hervorgehoben: Lampe, A., Reine Theorie der Finanzreform, in: Finanzarchiv, NF Bd. 2, Tübingen 1934, S. 218 ff.; Haller, H., Die Steuern, a.a.O., S. 336 ff.; Neumark, F., Zum Problem der Klassifikation der Steuerformen, in: Beiträge zur Geld- und Finanztheorie, Festschrift für W. Gerloff zum 70. Geburtstag, hrsg. v. F. Neumark und H. Sauermann, Tübingen 1971, S. 60 ff.; Schmölders, G., Allgemeine Steuerlehre, 4. Aufl., Berlin 1965, S. 221 ff.; ders., Um ein rationales Steuersystem, in: Finanzarchiv, NF Bd. 11, Tübingen 1949, S. 479 ff.; ders., Steuersystem und Steuersystematik, in: HdF, 2. Aufl., Bd. 2, Tübingen 1956, S. 326 ff.; Bräuer, K., Versuch einer Neugruppierung der Steuerformen, a.a.O., S. 158 ff.

(21) Neumark, F., Zum Problem der Klassifikation von Steuerformen, a.a.O., S. 61.

(22) Einkommensteuergesetz (EStG 1969) vom 12.12.1969 (BGBl I, S. 2265), zuletzt geändert durch Gesetz vom 10.8.1971 (BGBl I, S. 1266).

(23) Vgl. § 6 Abs. 1 Körperschaftsteuergesetz (KStG 1968) in der Fassung vom 13.10.1969 (BGBl I, S. 1869) und Abschnitt 19 Körperschaftsteuer-Richtlinien für das Kalenderjahr 1969 (KStR 1969) vom 3.7.1970 (BAnz. Nr. 125, Beilage). - Modifikationen der körperschaftsteuerlichen Einkommensermittlung ergeben sich insbesondere daraus, daß alle Einkünfte der Körperschaft gem. § 16 KStDV als Einkünfte aus Gewerbebetrieb gelten. Demnach sind alle Vermögensmehrungen, die nicht durch die Gesellschaftsteuer erfaßt werden (z.B. Schenkungen, Erbschaften, Lotteriegewinne usw.), körperschaftsteuerpflichtig. Zu den weiteren Unterschieden vgl. u.a. Rose, G., Betrieb und Steuern, Grundlagen zur Betriebswirtschaftlichen Steuerlehre, Bd. 1, Die Ertragsteuern, Wiesbaden 1969, S. 129 ff.

(24) Vgl. § 7 Gewerbesteuergesetz (GewStG 1968) in der Fassung vom 20.10.1969 BGBl I, S. 2021 mit der Änderung des Steueränderungsgesetzes 1971 vom 23.12.1970, BGBl I, S. 1856). Durch Hinzurechnungen und Kürzungen werden die Einküfte aus Gewerbebetrieb derart modifiziert, daß von den persönlichen Verhältnissen des Gewerbetreibenden weitgehend abgesehen wird.

(25) Zur Rechtsgrundlage und Ausgestaltung der Kirchensteuer vgl. Engelhardt, H., Die Kirchensteuer in der Bundesrepublik Deutschland, Bad Homburg v.d.H. - Berlin-Zürich 1968; siehe ferner Schmölders, G., Kölner Grundsätze zur Berechnung der Kirchensteuer, Gutachten im Auftrage des Kirchlichen Wirtschaftsbeirates der Evangelischen Kirche im Rheinland, Köln 1965.

(26) Es wird davon abgesehen, daß als Bemessungsgrundlage der Kirchensteuer gelegentlich auch Vermögen-, Grund- und seltener Gewerbesteuer gewählt werden.

(27) Vgl. Gutachten zur Reform der direkten Steuern (Einkommensteuer, Körperschaftsteuer, Vermögensteuer und Erbschaftsteuer) in der Bundesrepublik Deutschland, erstattet vom Wissenschaftlichen Beirat beim Bundesministerium der Finanzen (11.2.1967), in: Schriftenreihe des Bundesministeriums der Finanzen, Heft 9, Bonn 1967, S. 24.

(28) Zum Begriff der Gewinneinkunftsarten vgl. § 2 Abs. 3 Ziff. 1-3, §§ 13-18 EStG.

(29) In der Literatur hat die Tatsache keine Beachtung gefunden, daß auch in den Überschußeinkunftsarten Wertzuwächse erfaßt werden können, nämlich immer dann, wenn zwischen Einkommenserzielung und Wertsteigerung des Vermögens, aus dem das Einkommen resultiert, eine Relation besteht.

(30) Vgl. Blümich, W., und L. Falk, Einkommensteuergesetz, 10. Aufl., München 1971, S. 670.

(31) Vgl. insbesondere die §§ 6, 16, 17, 18 Abs. 3, 23 EStG.

(32) Blümich, W., und L. Falk, a.a.O., 10. Aufl., S. 686.

(33) Ebenda, S. 694; vgl. auch die dort angegebene Literatur.

(34) Zur weitergehenden begrifflichen Abgrenzung von Anschaffungs- und Herstellungskosten vgl. Blümich, W., und L. Falk, a.a.O., 10. Aufl., S. 685 ff. und 692 ff. sowie die dort angegebene umfangreiche Literatur.

(35) Vgl. Einkommensteuer-Durchführungsverordnung (EStDV 1969) in der Fassung der Verordnung vom 21.4.1970 (BGBl I, S. 373).

(36) Vgl. Blümich, W., und L. Falk, a.a.O., 10. Aufl., S. 720 f.

(37) Vgl. auch §§ 10, 109 BewG 1965.

(38) Blümich, W., und L. Falk, a.a.O., 10. Aufl., S. 725; vgl. auch Abschnitte 51 und 52 VStR 1966.

(39) Vgl. Sammlung der Entscheidungen und Gutachten des Reichsfinanzhofes, Bd. 22, 310; Bd. 48, 330 = Reichssteuerblatt Bd. 40, 1067 (zitiert nach Blümich, W., und L. Falk, a.a.O., 10. Aufl., S. 725).

(40) Vgl. Blümich, W., und L. Falk, a.a.O., 10. Aufl., S. 735 f.

(41) Blümich, W., und L. Falk, a.a.O., 9. Aufl., S. 1400.

(42) Zur weitergehenden begrifflichen Abgrenzung vgl. Rössler, R., und M. Troll, Bewertungsgesetz und Vermögensteuergesetz, 8. Aufl., Berlin und Frankfurt 1968, S. 97 ff.

(43) Vgl. insbesondere, Rose, G., Die Ertragsteuern, a.a.O., S. 49 ff.; Blümich, W., und L. Falk, a.a.O., 10. Aufl., S. 350 ff.; dieselben, ebenda, 9. Aufl., S. 1797 ff.

(44) Reichsabgabenordnung (AO) vom 22.5.1931 (RGBl I, S. 161), zuletzt geändert durch das Finanzierungsanpassungsgesetz vom 30.8.1971 (BGBl I, S. 1426).

(45) Die Erfassung von Wertsteigerungen durch diese Gewinnermittlungsmethode dürfte recht unwahrscheinlich sein, weil die Durchschnittssätze erfahrungsgemäß niedrig sind - sie haben nämlich als Ausgangsbasis den niedrigen Einheitswert des land- und forstwirtschaftlichen Vermögens, der keine zeitnahe Wertschätzung beinhaltet. Vgl. Rössler, R., und M. Troll, a.a.O., S. 293.

(46) Die steuerliche Kann-Vorschrift wird auf Grund des Maßgeblichkeitsprinzips der Handelsbilanz für die Steuerbilanz beim Umlaufvermögen zur Muß-Vorschrift.

(47) Vgl. hierzu Blümich, W., und L. Falk, a.a.O., 10. Aufl., S. 384 f.

(48) Vgl. § 6 Abs. 1 Ziff. 4-7 EStG; § 7 EStDV; Blümich, W., und L. Falk, a.a.O., 10. Aufl., S. 818-846.

(49) Vgl. Einkommensteuerrichtlinien für das Kalenderjahr 1969 (EStR 1969) vom 27.5.1970 (BAnz Nr. 105, Beilage BStBl I, S. 523, ber. 1041).

(50) Vgl. insbesondere Blümich, W., und L. Falk, a.a.O., 10. Aufl., S. 818 ff.

(51) Zu speziellen Bewertungsfragen im Rahmen der Umwandlung der Unternehmensform vgl. Gesetz über steuerliche Maßnahmen bei Änderung der Unternehmensform v. 14.8.1969 (BGBl I, S. 1163); Loos, G., Umwandlungs-Steuergesetz 1969, 2. Aufl., Loseblatt-Sammlung, Stand: März 1971, Düsseldorf o.J.; Blümich, W., und L. Falk, a.a.O., 9. u. 10. Aufl., passim.

(52) In der Steuerbilanz darf höchstens der Anschaffungs- oder Herstellungswert eingesetzt werden. Vgl. § 6 Abs. 1 Ziff. 2 EStG.

(53) Spiegelt der niedrigere Teilwert nicht die gesunkene allgemeine Wertschätzung wider, so werden stille Reserven gebildet.

(54) Dies ist hauptsächlich der Fall bei der Bewertung von Vieh in der Aufzucht. Vgl. auch § 6 Abs. 1 Ziff. 2 EStG.

(55) Zu berücksichtigen ist noch die Milderungsregelung nach § 16 Abs. 4 EStG, die den Freibetrag bei einem Veräußerungsgewinn zwischen DM 100.000 und DM 130.000 gleitend abbaut. Ab DM 130.000 ist der volle Veräußerungsgewinn zu versteuern. - Besondere Regelungen gelten für Steuerpflichtige, die das 55. Lebensjahr vollendet haben, die wegen dauernder Berufsunfähigkeit ihren Gewerbebetrieb aufgeben und die den veräußerten Betrieb innerhalb der letzten fünf Jahre erbschaftsteuerpflichtig erworben haben (vgl. § 16 Abs. 4 und 5 EStG). Für Land-

und Forstwirte bestehen nach § 14 a EStG besondere Vergünstigungen, die eine Wertzuwachserfassung verhindern.

(56) Freibetrag und Freigrenze sind zu berücksichtigen.

(57) Vgl. S. 93, Fußnote (1).

(58) Vgl. Zweites Steueränderungsgesetz 1971 vom 10.8.1971 (BGBl I, S. 1266).

(59) Vgl. die Meldung im Handelsblatt, Ackerland wurde 50 Mrd. DM mehr wert, HB, Nr. 228 v. 27./28.11.1970.

(60) § 16 Abs. 3 Satz 1 EStG (Hervorhebung durch Verfasser).

(61) Vgl. § 7 Abs. 1 EStDV.

(62) Zu speziellen Bewertungsfragen im Rahmen der Umwandlung der Unternehmensform vgl. Gesetz über steuerliche Maßnahmen bei Änderung der Unternehmensform v. 14.8.1969 (BGBl I, S. 1163); Loos, G., Umwandlungssteuergesetz, a.a.O., Blümich, W., und L. Falk, a.a.O., 10. Aufl., Anmerkung 34 zu § 6 EStG und die dort angegebenen weiteren Anmerkungen.

(63) Vgl. hierzu Blümich, W., und L. Falk, a.a.O., 10. Aufl., S. 818 ff.

(64) Beteiligungen werden nach § 17 Abs. 1 EStG als wesentlich bezeichnet, wenn der Anteilseigner zu mehr als 25 % an der Gesellschaft unmittelbar oder mittelbar beteiligt ist.

(65) Vgl. § 17 Abs. 1 EStG.

(66) Vgl. ebenda.

(67) Vgl. Abschnitt 140 Abs. 2 EStR.

(68) Der Freibetrag ergibt sich nach den Regeln des § 17 Abs. 3 EStG.

(69) Zu den "anderen Wirtschaftsgütern" gehören u.a. Kuxe älteren Rechts. Vgl. Blümich, W., und L. Falk, a.a.O., 9. Aufl., S. 1664.

(70) Siehe Abschnitte D 2 c_1 und c_2. Weitere steuerliche Differenzierungen resultieren z.B. daraus, ob ein Wirtschaftsgut bilanziert worden ist oder nicht, d.h. aus den unterschiedlichen Gewinnermittlungsmethoden, aber auch beispielsweise aus Bewertungsvorschriften für Sonderfälle der Bewertung wie § 6 b EStG.

(71) Vgl. hierzu § 23 Abs. 1 und 2 EStG.

(72) Bewertungsgesetz 1965 (BewG 1965) in der Fassung vom 10.12.1965 (BGBl I, S. 1861), zuletzt geändert durch das Gesetz vom 22.7.1970 (BGBl I, S. 1118); Bewertungsgesetz 1934 (BewG 1934) vom 16.10.1934 (Reichsgesetzblatt I, S. 1035), zuletzt geändert durch das Steueränderungsgesetz von 1965 vom 14.5.1965 (BGBl I, S. 377).

(73) Der Begriff des Einheitswertes wird weder im Bewertungsgesetz noch in der Reichsabgabenordnung definiert; er wird als bekannt vorausgesetzt. "Nach Wortsinn bedeutet Einheitswert einheitlicher Wert als Besteuerungsgrundlage für mehrere Steuern." Rössler, R., und M. Troll, Bewertungsgesetz und Vermögensteuergesetz, Kommentar, 8. Aufl., Berlin und Frankfurt 1968, S. 170.

(74) Lindner, H., und A. Ziegert, Bewertung und Bewertungsverfahren, 7. Aufl., in: Buchreihe Finanz und Steuern, hrsg. v. W. Hartz, Bd. 13, Stuttgart 1970, S. 26 f.

(75) "Die allgemeinen Bewertungsvorschriften gelten für alle öffentlich-rechtlichen Abgaben, die durch Bundesrecht geregelt sind, soweit sie durch Bundesfinanzbehörden oder durch Landesfinanzbehörden verwaltet werden." (§ 1 Abs. 1 BewG 1965).

(76) Vgl. Oberhauser, A., Bewertungsprobleme im Steuerrecht, in: HdSW, Bd. 12, Stuttgart-Tübingen-Göttingen 1965, S. 545.

(77) Vgl. § 17 Abs. 1 und 2 BewG 1965.

(78) Erbschaft- und Schenkungsteuer fallen jedoch aperiodisch an.

(79) Im folgenden wird weitgehend auf das Bewertungsgesetz 1965 Bezug genommen.

(80) Vgl. Rössler, R., und M. Troll, Bewertungsgesetz und Vermögenssteuergesetz, a.a.O., S. 97 ff.

(81) Siehe Übersicht 8 "Die Zuordnung der Bewertungsmaßstäbe zu den Wirtschaftsgütern der Vermögenskategorien nach dem Bewertungsgesetz", Abschnitt E 1 d.

(82) Eine gleichmäßige Erfassung der Wertzuwächse schließt jedoch noch nicht zwangsläufig eine gleichmäßige Steuerbelastung ein; denn die Besteuerung erfolgt durch verschiedene Steuerarten und differenzierte Steuertarife.

(83) Vgl. Rössler, R., und M. Troll, a.a.O., S. 98.

(84) Das Sachwertverfahren (§§ 83 ff. BewG) führt nicht zu einem Sachwert als einem besonderen Wertmaßstab, sondern ist nur Methode zur Ermittlung des gemeinen Wertes. Vgl. Rössler, R., und M. Troll, a.a.O., S. 99.

(85) Vgl. § 113 BewG 1965.

(86) Vgl. Abschnitte 55 und 56 Vermögensteuer-Richtlinien für die Vermögensteuer-

Hauptveranlagung 1969 (VStR 1969) vom 17.5.1969 (BAnz Nr. 96, Beilage).

(87) Dieser höhere oder niedrigere Wertansatz, begründet durch besondere Umstände, ist ein modifizierter Nennwert und soll nach dem Willen des Gesetzgebers dem Gegenwartsrecht entsprechen.

(88) Vgl. Rössler, R., und M. Troll, a.a.O., S. 107 ff. und die dort angegebenen Urteile des Bundesfinanzhofes.

(89) Die untere Grenze des Teilwertansatzes ist der Material- oder Schrottwert. Vgl. Abschnitt 51 VStR.

(90) Siehe im Abschnitt E 1 d_2 die Übersicht 8 "Die Zuordnung der Bewertungsmaßstäbe zu den Wirtschaftsgütern der Vermögenskategorien im BewG 1965".

(91) Zum Begriff des Wirtschaftsteiles land- und forstwirtschaftlicher Betriebe vgl. § 34 Abs. 2 BewG 1965.

(92) Vgl. § 36 Abs. 2 BewG 1965.

(93) Vgl. § 37 Abs. 1 BewG 1965.

(94) Vgl. § 99 Abs. 1 Ziff. 2 BewG 1965.

(95) Siehe Krelle, W., Schunck, I., und J. Siebke, Überbetriebliche Ertragsbeteiligung der Arbeitnehmer, Tübingen 1968, S. 14; Dräger, H., Der Begriff des Vermögens in der sozialpolitischen Diskussion, in: Der Mensch im sozio-ökonomischen Prozeß, Festschrift für W. Schreiber zum 65. Geburtstag, hrsg. v. F. Greiß, P. Herder-Dorneich, W. Weber, Berlin 1969, S. 389-396 und die dort angegebene Literatur.

(96) Vgl. § 110 BewG 1965.

(97) Zum Begriff der Hauptfeststellung siehe Rössler, R., und M. Troll, a.a.O., S. 190 ff.

(98) Zum Begriff des Einheitswertes vgl. § 19 BewG 1965 und § 214 AO.

(99) Als Grundbesitz sind die wirtschaftlichen Einheiten des land- und forstwirtschaftlichen Vermögens, die wirtschaftlichen Einheiten des Grundvermögens und die Betriebsgrundstücke zu verstehen. Vgl. § 20 BewG 1965.

(100) Vgl. Artikel 1 Gesetz zur Änderung bewertungsrechtlicher Vorschriften (Bewertungsänderungsgesetz 1971), Bundestagsdrucksache VI/1888 v. 27.2.1971; Bundesratsdrucksache 351/71 v. 25.6.1971.

(101) Zu den unterschiedlichen Höhen der Wertgrenzen siehe § 22 Abs. 1 Ziff. 1 bis 2 BewG 1965.

(102) Einzelheiten sind zu entnehmen bei Rössler, R., und M. Troll, a.a.O., S. 216 ff.

(103) Weitere Gründe für eine Nachfeststellung werden im § 23 Abs. 1 Ziff. 1 und 3 BewG 1965 genannt.

(104) Vermögensteuergesetz (VStG) in der Fassung vom 10.6.1954 (BGBl I, S. 137; BStBl I, S. 296), zuletzt geändert durch das Steueränderungsgesetz 1971 vom 23.12.1970 (BGBl I, S. 1856).

(105) Nach § 5 VStG belaufen sich die Freibeträge auf
1. 20.000 DM für den Steuerpflichtigen selbst,
2. 20.000 DM für die Ehefrau und
3. 20.000 DM für jedes Kind unter dem 18. Lebensjahr,
4. weitere 5.000 DM, wenn der Steuerpflichtige das 60. Lebensjahr vollendet hat und das Gesamtvermögen (§ 4 VStG) nicht mehr als 100.000 DM beträgt,
5. weitere 20.000 DM, wenn der Steuerpflichtige das 65. Lebensjahr vollendet hat und das Gesamtvermögen nicht mehr als 100.000 DM beträgt und noch gewisse weitere Voraussetzungen erfüllt sind.

(106) Weitere Detaillierung vgl. § 6 Abs. 1 VStG.

(107) Vgl. § 6 Abs. 2 VStG.

(108) Die wichtigsten Befreiungen ergeben sich aus §§ 1 Abs. 2; 2; 3; 3 a; 9; 9 a; 21 Abs. 1 Ziff. 2 a und b VStG.

(109) Ähnliches läßt sich im § 30 BewG 1965 feststellen.

(110) Vgl. § 12 Abs. 1 VStG.

(111) Weitere Gründe für eine Nachveranlagung vgl. § 14 Abs. 1 VStG.

(112) Grundsteuergesetz (GrStG) vom 1.12.1936 in der Fassung der Bekanntmachung vom 10.8.1951 (BGBl, S. 519), zuletzt geändert durch Gesetz vom 24.8.1965 (BGBl I, S. 905).

(113) Vgl. § 2 GrStG.

(114) Vgl. § 10 GrStG.

(115) Sogar Wertfortschreibungen, die den Einheitswert erhöhen, basieren auf den Wertverhältnissen des Jahres 1935. Vgl. § 14 GrStG und § 22 BewG 1934.

(116) Vgl. § 21 Abs. 1 GrStG.

(117) Vgl. §§ 4-6, 26 a, 29-30 GrStG; §§ 3-6 a, 7-16, 18-25, 61, 62 Grundsteuer-

Durchführungsverordnung (GrStDV) in der Fassung vom 29. 1. 1952 (BGBl I, S. 79) nebst späteren Änderungen; §§ 7-11, 15, 16 Grundsteuererlaßverordnung (GrStErlV) vom 26. 3. 1952 (BGBl I, S. 209). Siehe auch die Steuervergünstigungen nach §§ 7-11 des Ersten Wohnungsbaugesetzes (WohnBauG) in der Fassung vom 25. 8. 1953 (BGBl I, S. 1047), zuletzt geändert durch das Gesetz vom 17. 7. 1968 (BGBl I, S. 821).

(118) Vgl. § 12 GrStG und §§ 28-33 GrStDV.

(119) Vgl. § 29 GrStDV.

(120) Gewerbesteuergesetz (GewStG 1968) in der Fassung vom 20. 10. 1969 (BGBl I, S. 2021), zuletzt geändert durch das Steueränderungsgesetz 1971 vom 23. 12. 1970 (BGBl I, S. 1856), Bewertungsänderungsgesetz 1971 vom 27. 7. 1971 (BGBl I, S. 1157) und Gewerbesteueränderungsgesetz vom 27. 8. 1971 (BGBl I, S. 1425).

(121) Vgl. z. B. die Kürzung des gewerblichen Gewinns und der Hinzurechnungen um 3 % des Einheitswertes des zum Betriebsvermögen des Unternehmers gehörenden Grundbesitzes, soweit er nicht zu Betriebsstätten gehört (§ 9 Ziff. 1 GewStG).

(122) Vgl. §§ 12 und 12 a GewStG. Ein Schema für die Ermittlung der Gewerbeertragsteuer findet sich bei Rose, G., Die Ertragsteuern, a. a. O., S. 245.

(123) Beachte jedoch die Grenze von 2, 5 Mio DM nach § 12 Abs. 2 Ziff. 2 GewStG und Abschnitt 77 Abs. 4 GewStR.

(124) Ausnahmen sind jedoch denkbar, bei Renten und dauernden Lasten. Vgl. Abschnitte 51, 61 bis 63 VStR.

(125) Zur Begründung vgl. Abschnitt D 3 c

(126) In dem Schema zur Errechnung der Gewerbekapitalsteuer vgl. unter Kürzungen die Ziffern 2 bis 4.

(127) Erbschaftsteuergesetz (ErbStG) vom 22. 8. 1925 (RGBl I, S. 320) in der Fassung vom 1. 4. 1959 (BGBl I, S. 188), zuletzt geändert durch das Steueränderungsgesetz 1971 vom 23. 12. 1970 (BGBl I, S. 1856).

(128) Vgl. § 23 ErbStG.

(129) Vgl. § 22 ErbStG.

(130) Gleichzusetzen sind durch Schenkung oder Zweckzuwendung übertragene Vermögensgegenstände. Vgl. § 1 Abs. 2 ErbStG.

(131) Gehört zum Erwerb nur ein Teil einer wirtschaftlichen Einheit, so ist ein entsprechender Bruchteil des Einheitswertes maßgebend. Vgl. § 23 Abs. 3 ErbStG.

(132) Vgl. § 23 Abs. 4 ErbStG; § 22 BewG 1965.

(133) Vgl. § 23 Abs. 5 ErbStG.

(134) Vgl. § 23 Abs. 1 und 6 ErbStG und die dort angegebenen Verweisungen auf das Bewertungsgesetz.

(135) Gemäß § 18 ErbStG bleiben beispielsweise steuerfrei: Hausrat bis 20.000 DM bzw. 5.000 DM, Kunstgegenstände und Sammlungen beim Erwerb durch Personen bestimmter Steuerklassen usw.

(136) Liegt die Erhaltung von Grundbesitz und von beweglichen Gegenständen wegen ihrer Bedeutung für Kunst, Geschichte und Wissenschaft im öffentlichen Interesse, so sind lediglich 40 % des Wertes anzusetzen. Vgl. § 23 Abs. 7 ErbStG.

(137) Vgl. § 10 ErbStG.

(138) Vgl. §§ 16 bis 18 Abs. 1 Ziff. 1 und 2 ErbStG.

(139) Vgl. § 11 ErbStG.

(140) Vgl. § 21 ErbStG.

(141) Vgl. Kapp, R., und J. Ebeling, Erbschaft- und Schenkungsteuer - Kommentar, 3. Aufl., Herne-Berlin 1970, S. 166 ff.

(142) Siehe Abschnitt C 1.

(143) Nimmt z. B. ein Steuerpflichtiger das Optionsrecht gemäß § 9 UStG wahr, so fällt auch für den "Umsatz" von Aktien und Grundbesitz zusätzlich Umsatzsteuer an. Dies kann zu einer Mehrfachbelastung entstandener und erfaßter Wertzuwächse führen.

(144) Siehe Umsatzsteuergesetz (Mehrwertsteuer) (UStG 1967) vom 29. 5. 1967 (BGBl I, S. 545) in der Fassung vom 23. 12. 1969 (BGBl I, S. 2381, zuletzt geändert durch Finanzanpassungsgesetz vom 30. 8. 1971 (BGBl I, S. 1426).

(145) Vgl. §§ 1 Abs. 1; 4; 5 UStG.

(146) In den Fällen des Eigenverbrauchs sind abweichende Wertansätze vorgesehen: Teilwert, gemeiner Wert, Kosten, Aufwendungen (§ 10 Abs. 5 UStG).

(147) Vgl. § 10 Abs. 1 UStG.

(148) § 10 Abs. 1 UStG.

(149) Zum umsatzsteuerlichen Unternehmerbegriff vgl. § 2 UStG.

(150) Vgl. § 12 Abs. 1 UStG.

(151) Vgl. § 15 UStG.
(152) Siehe Grunderwerbsteuergesetz (GrEStG) vom 29.3.1940 (RGBl I, S. 585) - nur auf dieses alte Reichsrecht wird hier eingegangen, das in die heute gültigen landesrechtlichen Fassungen weitgehend übernommen worden ist.
(153) Kapitalverkehrsteuergesetz (KVStG 1959) in der Fassung vom 24.7.1959 (BGBl I, S. 530), zuletzt geändert am 15.8.1969 (BGBl I, S. 1182).
(154) Zum Begriff des Wertpapieres vgl. §§ 19 und 12 KVStG.
(155) Vgl. § 23 KVStG.
(156) Vgl. § 23 KVStG.
(157) Vgl. Schanz, G., Der Einkommensbegriff und die Einkommensteuergesetze, a.a.O., S. 1-87.
(158) Hier sind die laufenden betrieblichen Umsatzakte angesprochen, ferner die Veräußerungen im Sinne der §§ 14, 14 a, 16, 17, 18 Abs. 3 und § 23 EStG.
(159) Vgl. § 6 Abs. 1 Ziff. 2 EStG; vgl. auch Abschnitt D 2 a.
(160) Weitere Hinweise über nicht zu bilanzierende Wirtschaftsgüter gibt § 5 Abs. 1 und 2 EStG.
(161) Vor dem Beschluß des Bundesverfassungsgerichtes vom 11.5.1970 (BGBl I, S. 1145) blieb der Wert des Grund und Bodens gemäß § 4 Abs. 1 Satz 5 EStG ebenfalls außer Ansatz.
(162) Vgl. Herrmann, K.A., Vermögenstatistik, in: HdSW, Bd. 11, Stuttgart-Tübingen-Göttingen 1961, S. 149 und 151; Oberhauser, A., Finanzpolitik und private Vermögensbildung, 1. Aufl., Köln-Opladen 1963, S. 13 ff.; Tiepelmann, K., Die Problematik der Vermögensteuer, a.a.O., S. 52 ff.
(163) Vgl. § 18 BewG 1965; vgl. auch Abschnitt E 1 d.
(164) In welch beträchtlichem Ausmaß Wirtschaftsgüter nicht zum steuerrechtlichen Vermögen gehören, zeigt Tiepelmann, K., a.a.O., S. 56.
(165) Vgl. Krelle, W., J. Schunk und J. Siebke, Überbetriebliche Ertragsbeteiligung der Arbeitnehmer, a.a.O., S. 14; Dräger, H., Der Begriff des Vermögens in der sozialpolitischen Diskussion, a.a.O., S. 389 ff.
(166) Die steuerliche Begünstigung des sog. Arbeitsvermögens soll durch folgendes Beispiel verdeutlicht werden: Zwei Personen A und B besitzen ein Barvermögen von je 50.000 DM. A erwirbt Aktien im Wert von 50.000 DM, B investiert das Geld in seine weitere Berufsausbildung (z.B. Aufbaustudium). Während A mit dem Wert seines Aktienbesitzes, in welchem Wertzuwächse auf Grund der steuerrechtlichen Bewertungsvorschriften enthalten sein können, der Vermögensteuer unterliegt, ist B nicht vermögensteuerpflichtig. Sein gebildetes Arbeitsvermögen kann jedoch beträchtlich sein: Bei einem jährlichen Mehrverdienst von 10.000 DM auf Grund der Bildungsinvestition und einem angenommenen Kapitalisierungszinsfuß von 5 % errechnet sich ein Vermögenswert in Höhe von ca. 200.000 DM.
(167) Dies ist der Fall, wenn sich die Aktien im Privatvermögen einer Person befinden, die vermögensteuerpflichtig ist (§§ 7 und 5 VStG).
(168) Die Aktien befinden sich im Betriebsvermögen.
(169) Die Wertzuwächse der sich im Betriebsvermögen befindlichen Aktien schlagen sich nach Veräußerung im steuerpflichtigen Einkommen nieder.
(170) In den folgenden Beispielen wird die Einkommensteuer-Grund-Tabelle (zu § 32 Abs. 1 EStG) zugrunde gelegt. Vom Gesamtbetrag der Einkünfte seien keine Freibeträge (z.B. für Kinder, Alter usw.) sowie keine sonstigen abziehbaren Beträge abzurechnen. Ebenso bleibt ein ermäßigter Steuersatz für außerordentliche Einkünfte gemäß § 34 EStG unberücksichtigt.
(171) Vgl. § 19 Abs. 1 Ziff. 1, § 19 Abs. 2 a bis c, § 9 Abs. 3 in Verbindung mit § 19 Abs. 5 (Nachsteuer) KStG.
(172) Vgl. § 19 Abs. 1 Ziff. 2 KStG.
(173) Vgl. § 19 Abs. 1 Ziff. 2, § 19 Abs. 2 Ziff. 2 KStG.
(174) Der Gewerbeertrag geht gemäß § 7 GewStG aus dem Gewinn hervor, der sich nach den Vorschriften des Einkommen- bzw. Körperschaftsteuergesetzes ermittelt; infolgedessen können Wertzuwächse eingeschlossen sein.
(175) Vgl. § 11 Abs. 1 und § 13 Abs. 1 GewStG.
(176) Vgl. §§ 14, 16 GewStG.
(177) Weitere Differenzierungen der Steuermeßzahl auf den Gewerbeertrag finden sich in § 11 Abs. 3 bis 5 GewStG.
(178) Ein Steuersatz von 0,75 % wird angewandt in den Fällen des § 8 zweiter Halbsatz VStG.
(179) Vgl. § 5 VStG.

(180) Vgl. §§ 3, 3 a, 4 Abs. 2, §§ 5, 6 Abs. 1 und 2, §§ 6 a, 9, 9 a, 21 Abs. 1 Ziff. 2 a und 2 b VStG; §§ 101, 111, 115 Abs. 1 bis 3, 116, 117 Abs. 1 Ziff. 1 und 2, 118 BewG 1965.

(181) Tiepelmann, K., a.a.O., S. 95.

(182) Sowie die übrigen in § 1 Abs. 1 Ziff. 2 Buchstabe b bis g VStG genannten unbeschränkt steuerpflichtigen Körperschaften, Personenvereinigungen und Vermögensmassen.

(183) Nur für die in § 1 Abs. 1 Ziff. 2 Buchstabe b bis g VStG genannten Institutionen gilt gemäß § 6 Abs. 2 VStG die Freigrenze von 10.000 DM. Beschränkt Steuerpflichtige im Sinne des § 2 VStG besteuern ihr Inlandsvermögen gemäß § 6 a VStG ab 2.000 DM.

(184) Vgl. Abschnitt D 3 c.

(185) Vgl. Abschnitt D 3 c.

(186) Vgl. § 13 Abs. 3 GewStG.

(187) Vgl. Abschnitt D 3 d.

(188) Im Rahmen der Steuern, denen das BewG zugrunde liegt, kann der Boden als land- und forstwirtschaftliches Vermögen, Grundvermögen oder Betriebsvermögen auftreten, aber niemals als Sonstiges Vermögen. Aktien können zwar dem Betriebs- oder dem Sonstigen Vermögen zugerechnet werden, nicht dagegen dem land- und forstwirtschaftlichen Vermögen und dem Grundvermögen.

(189) Im Einkommensteuerrecht kann der Fall eintreten, daß Wirtschaftsgüter nach ihrer Verwendung (Nutzung) notwendiges Betriebsvermögen oder notwendiges Privatvermögen darstellen. Vgl. Blümich, W., und L. Falk, Einkommensteuergesetz, 10. Aufl., München 1971, S. 364 ff.

(190) Vgl. z.B. § 6 Abs. 1 Ziff. 4 bis 7 EStG; Blümich, W., und L. Falk, Einkommensteuergesetz, 10. Aufl., a.a.O., S. 818-846.

(191) Ergibt sich aus der natürlichen Beschaffenheit, z.B. § 76 Abs. 2 BewG 1965, §§ 83 bis 90 BewG 1965.

(192) Vgl. z.B. § 115 BewG 1965; vgl. auch §§ 116, 117 BewG 1965, § 6 Abs. 1 Ziff. 4 Satz 2 EStG.

(193) Blümich, W., und L. Falk, 10. Aufl., a.a.O., S. 670.

(194) Vgl. § 2 Abs. 3 Ziff. 4 bis 7 und §§ 8 ff. EStG.

(195) Vgl. z.B. § 4 Abs. 3 EStG, § 29 Abs. 1 Ziff. 1 EStG in Verbindung mit GDL.

(196) Der Veräußerungspreis wird nach Abzug der Veräußerungskosten einem fiktiven Bilanzwert des Betriebsvermögens gegenübergestellt. Vgl. Blümich, W., und L. Falk, 10. Aufl., a.a.O., S. 468.

(197) Ebenda, S. 468.

(198) Vgl. § 31 BewG 1965; Rössler, R., und M. Troll, Bewertungsgesetz und Vermögensteuergesetz, 8. Aufl., Berlin-Frankfurt 1968, S. 258 ff.

(199) Vgl. § 2 Abs. 2 Ziff. 1 bis 3 EStG.

(200) Ausgenommen sind die Fälle des § 6 Abs. 1 Ziff. 2 EStG, in denen der Teilwert eines bilanzierten Wirtschaftsgutes den letzten Bilanzansatz bis höchstens zu den Anschaffungs- oder Herstellungskosten übersteigen darf.

(201) Es liegt die Vermutung nahe, daß der Gesetzgeber in den Wertzuwächsen, die nicht durch einen Verkauf realisiert sind, keine Steigerung der steuerlichen Leistungsfähigkeit sieht.

(202) Dem Verkauf sind gleichgelagerte Vorgänge (z.B. Entnahmen) gleichzusetzen.

(203) Vgl. Abschnitt D 2 b und c.

(204) Vgl. § 21 BewG 1965.

(205) Ein solcher Bewertungsfall ist beispielsweise durch den Erwerb von Todes wegen gegeben. Vgl. §§ 1, 2 ErbStG.

(206) Bei einer Einheitswertfeststellung für das Grundvermögen werden immer noch Wertvorstellungen von 1935 zugrunde gelegt.

(207) Der Ertragswert für den Wirtschaftsteil des land- und forstwirtschaftlichen Vermögens gibt den Verkehrswert nicht wieder.

(208) Es wird unterstellt, daß einer Person jeweils nur Einkünfte aus einer Einkunftsart zufließen, und somit auch nur eine Methode zur Einkunftsermittlung angewandt wird.

(209) Vgl. Rose, G., Die Ertragsteuern, a.a.O., S. 47 ff.

(210) Vgl. § 29 EStG.

(211) Vgl. § 217 AO.

(212) Als Wertpapiere werden hier gemäß § 19 KVStG Dividendenwerte (Aktien, Kuxe, Genußscheine usw.), Schuldverschreibungen und Investmentzertifikate angesehen.

(213) Es handelt sich um Kunstgegenstände von Künstlern, die mehr als 15 Jahre verstorben sind. Außerdem liegt die Erhaltung der Kunstgegenstände nicht im öffentlichen Interesse. Siehe § 110 Abs. 1 Ziff. 12 Satz 2 und § 115 BewG 1965.

(214) Zum Begriff und zur Bedeutung der Besteuerungsgrundsätze vgl. u.a. Neumark, F., Grundsätze gerechter und ökonomisch rationaler Steuerpolitik, Tübingen 1970, S. 15 ff.; Heidrich, P., Die Lehre von den obersten Steuerprinzipien, Jena 1929, S. 7 ff.; Ito, H., The Methodological Basis of the Principles of Taxation, in: Finanzarchiv, NF Bd. 20 (1960), S. 373 ff.; Mann, F.K., Steuerpolitische Ideale, in: Finanzwissenschaftliche Forschungen, Heft 5, Jena 1937.

(215) Bereits 1959 forderte der Wissenschaftliche Beirat beim Bundesministerium der Finanzen die Wiedereinführung einer Wertzuwachssteuer, die speziell die Bodenwertsteigerungen trifft, damit dem Gebot der steuerlichen Gerechtigkeit entsprochen werde. Vgl. Zur gegenwärtigen Problematik der Gemeindefinanzen, Gutachten des Wissenschaftlichen Beirats beim Bundesministerium der Finanzen, abgeschlossen am 11. 7. 1959, S. 23.

(216) Vgl. u.a. Mann, F.K., Die Gerechtigkeit in der Besteuerung, in: Beiträge zur Finanzwissenschaft, Festgabe für G. von Schanz, Bd. 2, Tübingen 1928, S. 112 ff.; ders., Steuerpolitische Ideale, Jena 1937; Amonn, A., Gerechtigkeit und Zweckmäßigkeit in der Besteuerung, in: Probleme der öffentlichen Finanzen und der Währung, Festgabe für G. Grossmann, Zürich 1949, S. 3 ff.; Keller, T., Mehr Steuergerechtigkeit, in: Zukunftsaufgaben in Wirtschaft und Gesellschaft, Zürich und St. Gallen 1963, S. 213 ff.; Schmölders, G., Das Gerechtigkeitspostulat in der Besteuerung, in: Finanzarchiv, NF Bd. 23 (1963), S. 53 ff.; Neumark, F., Grundsätze der Besteuerung in Vergangenheit und Gegenwart, in: Sitzungsberichte der Wissenschaftlichen Gesellschaft an der Johann Wolfgang Goethe-Universität Frankfurt/M., Bd. 3, Jg. 1964, Nr. 2, Wiesbaden 1965; ders., Grundsätze gerechter und ökonomisch rationaler Steuerpolitik, Tübingen 1970.

(217) Vgl. Neumark, F., Grundsätze gerechter und ökonomisch rationaler Steuerpolitik, a.a.O., S. 67 ff. Siehe auch Gutachten der Steuerreformkommission 1971, in: Schriftenreihe des Bundesministeriums der Finanzen, Heft 17, Bonn 1971, S. 30.

(218) Neumark, F., Grundsätze gerechter und ökonomisch rationaler Steuerpolitik, a.a.O., S. 75.

(219) Vgl. u.a. Abschnitt E 1 f.

(220) Neumark, F., Grundsätze gerechter und ökonomisch rationaler Steuerpolitik, a.a.O., S. 120.

(221) Vgl. Abschnitt E 1 a bis f.

(222) Vgl. Abschnitt E 1 d.

(223) Neumark, F., Grundsätze gerechter und ökonomisch rationaler Steuerpolitik, a.a.O., S. 135.

(224) Diese Meinung vertreten u.a. Haller, H., Die Steuern, Grundlinien eines rationalen Systems öffentlicher Abgaben, 2. Aufl., Tübingen 1971, S. 60 ff.; Neumark, F., Grundsätze gerechter und ökonomisch rationaler Steuerpolitik, a.a.O., S. 136 f.; Schanz, G., Der Einkommensbegriff und die Einkommensteuergesetze, in: Finanz-Archiv, 13. Jg., Bd. 1, Stuttgart 1896, S. 23 und 42 ff.; Seltzer, L.H., The Nature and Tax Treatment of Capital Gains and Losses, New York 1951. Anderer Ansicht ist Pistorius, T., Direkte Zuwachs- und Kriegsgewinnsteuer, in: HdF, Bd. 2, Tübingen 1927, S. 168 f.

(225) "Für eine steuerliche Erfassung des nicht realisierten Vermögenszuwachses spricht, daß er die einkommensteuerliche Leistungsfähigkeit steigert. Dies zeigt sich z.B. darin, daß sich die Beleihungsfähigkeit eines Wirtschaftsgutes nach seinem Tageswert und nicht nach seinem Buchwert richtet." Gutachten der Steuerreformkommission 1971, in: Schriftenreihe des Bundesministeriums der Finanzen, Heft 17, Bonn 1971, S. 68. Siehe ferner Begründung zum Entwurf eines Vermögenszuwachssteuergesetzes, Reichstagsdrucksache Nr. 2863 vom 24. 10. 1921, S. 6 ff. (verkündet am 8. 4. 1922 als "Das Deutsche Reichsvermögenszuwachssteuergesetz" RGBl 1922, Teil I, Nr. 30, S. 346).

(226) Littmann vertritt die Meinung, daß von dem Leistungsfähigkeitsprinzip als Doktrin abgegangen werden soll. Vgl. Littmann, K., Ein Valet dem Leistungsfähigkeitsprinzip, in: Theorie und Praxis des finanzpolitischen Interventionismus, Festschrift für F. Neumark zum 70. Geburtstag, hrsg. v. H. Haller, L. Kullmer, C.S. Shoup und H. Timm, Tübingen 1970, S. 113 ff.

(227) Vgl. hierzu die Ausführungen im Abschnitt D 2.

(228) Vgl. Abschnitt C 1.

(229) Jede bewußte, planvolle Veränderung steuerrechtlicher Vorschriften in einem Gesamtzusammenhang ist ein Schritt auf dem Weg zu einer höheren "Rationalität" des Steuersystems, das wohl niemals in einem absoluten Sinne rational sein kann.

(230) Siehe Übersicht 2 im Abschnitt C 3.

(231) Die sog. Eppler-Kommission vertritt in ihren Vorschlägen zur Steuerreform die Idee einer Bodenwertzuwachssteuer. Vgl. Vorschläge der Steuerreformkommission beim Parteivorstand der SPD, a.a.O., S. 22 ff.

(232) Vgl. Abschnitt C 2.

(233) Vgl. Abschnitt E 1.

(234) Siehe Abschnitt B 1 "Die allgemeinen Bedingungen der Wertzuwachserfassung".

(235) Zur Ausschaltung einer Doppelbelastung durch das sog. Anrechnungsverfahren finden sich allgemeine Überlegungen u.a. bei Luik, H., Kritische Bemerkungen zu den Auswirkungen der Steuerreform bei den Ertragsteuern, in: Bericht über die Fachtagung 71 des Instituts der Wirtschaftsprüfer in Deutschland e.V., Düsseldorf 1971, S. 145 f.

(236) Vgl. Abschnitte D 2 und E 1.

(237) Während beispielsweise die Identität zwischen dem Grundwasser und dem im Wasserwerk gereinigten, gechlorten und unter Druck gesetzten Leitungswasser noch vermutbar ist, weil die Substanz sich nur geringfügig verändert hat, wird die Vorstellungskraft strapaziert, wenn die Ausgangs- und Endprodukte eines chemischen Umwandlungsprozesses zu vergleichen sind und Wertzuwächse, die an substantiell unveränderte Wirtschaftsgüter gebunden sind, ermittelt werden sollen.

(238) Blümich, W., und L. Falk, a.a.O., 10. Aufl., S. 670.

(239) Zu den folgenden Ausführungen vgl. die Abschnitte D 2 und E 1.

(240) Z.B. wurde die Vermögenswertzuwachssteuer vom 8.4.1922 alle drei Jahre zusammen mit der Vermögensteuer veranlagt.

(241) Vgl. Gutachten der Steuerreformkommission 1971, a.a.O., S. 516 ff. Siehe ferner Gutachten zur Reform der direkten Steuern, a.a.O., S. 21 f.

(242) Vgl. §§ 40 ff. Bundesbaugesetz vom 23.6.1960 (BGBl I, S. 341), zuletzt geändert durch das Gesetz zur Änderung grundsteuerlicher Vorschriften vom 12.4.1961 (BGBl I, S. 425).

(243) Zu den Motiven und Hintergründen, warum beispielsweise die Bodenwertsteigerungen einer speziellen Wertzuwachssteuer unterworfen werden, vgl. die umfangreiche Literatur, u.a. Bräuer, K., Wertzuwachssteuer (Grundstücksgewinnsteuer), a.a.O.; Boldt, W., a.a.O.; Pfannschmidt, M., Die Bodenwertbesteuerung in der Steuer- und Finanzreform, Frankfurt 1956; Haman, U., a.a.O.

(244) Zu den Schwierigkeiten und technischen Erfordernissen einer theoretisch exakten Trennung zwischen substanzbedingten Wertveränderungen und Wertzuwächsen, siehe Abschnitt F 2 a.

(245) Z.B. Wertzuwächse von Wertpapieren, Kunstgegenständen etc.

(246) In der Gewerbekapitalsteuer können keine Bodenwertzuwächse erfaßt werden, weil der Einheitswert der Betriebsgrundstücke vom Einheitswert des gewerblichen Betriebes zu kürzen ist. Vgl. § 12 GewStG.

(247) Zur Definition eines substantiell unveränderten Wirtschaftsgutes vgl. Abschnitte B und F 2 a.

(248) Siehe Abschnitt E 2 (insbesondere Anmerkungen zu Tab. 10).

(249) Diese Auskünfte gaben vereidigte Bewertungssachverständige des Finanzamtes Köln-Land.

(250) Siehe Abschnitt F 2 a.

(251) Der Anschaffung könnten die in § 1 GrEStG genannten Rechtsvorgänge gleichgestellt sein. Liegen derartige Rechtsvorgänge nicht vor (wie z.B. bei Erbschaft, Schenkung), ist von einem fiktiven Anschaffungszeitpunkt und fiktivem Anschaffungswert auszugehen. Für die Ermittlung des fiktiven Ausgangsbetrages müßten ähnliche Regelungen wie die des § 55 EStG geschaffen werden.

(252) Der Fall, daß bei einem Grundstückswechsel neben der Grunderwerbsteuer auch Umsatzsteuer auf Grund des Optionsrechtes (§ 9 UStG) anfallen könnte, bleibt unbeachtet.

(253) Diese Forderung ist in Ausnahmefällen bereits erfüllt, nämlich dann, wenn sich gemäß § 10 Abs. 2 GrEStG die Steuer vom Wert des Grundstücks (Einheitswert; vgl. § 12 GrEStG) berechnet.

(254) Vgl. die vielfältigen, zum Teil weitergehenden Vorschläge in der Literatur, z.B. Wagner, Adolph, Die finanzielle Mitbeteiligung der Gemeinden an kulturellen Staatseinrichtungen und die Entwicklung der Gemeindeannahmen, Jena 1904; Boldt, W., Die Grundstückszuwachssteuer, Ihre Wiedereinführung und Neugestaltung, Berlin 1926; Brunhuber, R., Die Wertzuwachssteuer, Zur Theorie und Praxis, Jena 1906; Schrameier, W., Aus Kiautschous Verwaltung: Die Land-, Steuer- und Zollpolitik des Kiautschougebiets, Jena 1914.

(255) Bezüglich der Verrechenbarkeit entstandener Wertverluste mit früheren bzw. später eintretenden Wertzuwächsen gelten die entsprechenden Überlegungen wie in Abschnitt F 2 a.

(256) Es kann auf die umfangreiche Literatur verwiesen werden. Vgl. insbesondere Felde, H.W. vom, Die volkswirtschaftliche Problematik einer Erfassung der Wertsteigerungen des Bodens, a.a.O.; Diehl, K., Zur Kritik der Reichswertzuwachssteuer, in: Jahrbücher für Nationalökonomie und Statistik, 3. Folge, Bd. 40, Jena 1910, S. 289 ff.; Strutz, G., Die Reichszuwachssteuer von sozialpolitischen Gesichtspunkten, in: Annalen für soziale Politik und Gesetzgebung, hrsg. v. H. Braun, Bd. 1, Berlin 1912, S. 8 ff.; ders., Betrachtungen zur Reichszuwachssteuer, a.a.O.; Berthold, O., Ergebnisse der Wertzuwachssteuer und die Wirkungen der Steuer auf den Grundstücksumsatz, Berlin 1914; Seltzer, L.H., The Nature and Tax Treatment of Capital Gains and Losses, a.a.O.

(257) Dabei könnten die langjährigen Erfahrungen genutzt werden, die durch das Festhalten an alten Einheitswerten für Grund und Boden entstanden sind. Durch die Bewertungspraxis werden selbst bauliche Veränderungen, die 1971 durchgeführt werden, mit Wertansätzen des Jahres 1935 bewertet. Eine ähnliche Bewertungspraxis müßte für eine spezielle Bodenwertzuwachssteuer weitergeführt werden.

(258) Strümpel, B., Sozioökonomischer Wandel und die Durchsetzbarkeit der Besteuerung, in: Finanzarchiv, NF Bd. 25, Tübingen 1966, S. 442 f.

(259) Vgl. Abschnitt C 3.

(260) Vgl. Abschnitt C 1.

(261) Denkbar wäre auch der Ausbau indirekter Wertzuwachsbesteuerung in anderen Steuern, z.B. in der Vermögensteuer.

(262) Vgl. Abschnitt D 2.

(263) Vgl. Abschnitt E 1.

(264) Abgesehen werden soll von der Möglichkeit des Steuergesetzgebers, den Einkommensbegriff so zu definieren, daß nur die Wertzuwächse bestimmter Wirtschaftsgüter (z.B. die der Grundstücke) Bestandteile des steuerpflichtigen Einkommens sind. Eine solche Definition wäre zwar denkbar, widerspräche jedoch der Absicht, Wertzuwächse aller Wirtschaftsgüter unterschiedslos erfassen und besteuern zu wollen.

(265) Vgl. Schanz, G., Der Einkommensbegriff und die Einkommensteuergesetze, a.a.O., S. 1 ff.

(266) Bisher sind beispielsweise von einem Vermögensvergleich ausgenommen: der originäre Firmenwert, verschiedene Rentenansprüche usw.

(267) Die Bewertung ist demnach bei allen Wirtschaftsgütern durchzuführen,
(1) die das ganze Jahre über dem Wirtschaftssubjekt zugehörten;
(2) die während des Jahres angeschafft wurden und am Jahresende noch vorhanden waren,
(3) die während des Jahres angeschafft und wieder veräußert wurden, sowie
(4) die zu Beginn des Jahres vorhanden waren, aber während des Jahres veräußert wurden.
Der Anschaffung und Veräußerung sind Einlagen, Entnahmen usw. gleichzusetzen.

(268) Es ist schwer einzusehen, warum nach der gegenwärtigen Regelung des § 17 EStG eine Person, die zu 25 % an einer "kleinen" Kapitalgesellschaft beteiligt ist und nur wenig Kapital bindet, einer anderen Person gegenüber benachteiligt sein soll, welche zwar über eine z.B. nur 10 %ige Beteiligung verfügt, jedoch an einer "großen" Kapitalgesellschaft. Das Beteiligungsvermögen kann in diesem Fall absolut höher sein.

(269) Siehe Übersicht 6 in Abschnitt E d 1: "Die Zuordnung der Bewertungsmaßstäbe zu den Wirtschaftsgütern der Vermögenskategorien nach §§ 6, 14, 17, 18, 23 EStG und § 7 EStDV".

(270) Zum Für und Wider eines Verlustrücktrages vgl. u.a. Gutachten der Steuerreformkommission 1971, a.a.O., S. 516 ff.

(271) Vgl. Abschnitte D 3 und D 4, E 1 und E 2.

(272) Siehe Tab. 10, 12 und 13 in Abschnitt E 2.

(273) In dem Abschnitt E 1 sind die Determinanten der differenzierten Wertzuwachsbelastung aufgezeigt worden, so daß ohne weiteres erkennbar ist, welche zusätzlichen Anpassungen vorzunehmen sind.

(274) Zur allgemeinen Inzidenzproblematik vgl. u.a. Albers, W., Preisliche Wirkungen der Besteuerung, in: Finanzarchiv, NF Bd. 16, Tübingen 1955/56, S. 165 ff.; Arndt, H., Zur mikroökonomischen Analyse der Überwälzbarkeit der Einkommensteuer und zur Frage der Übertragung von Modellergebnissen auf historische Tatbestände, in: Finanzarchiv, NF Bd. 21, Tübingen 1961, S. 47 ff.; Engländer, O., Allgemeine Steuerlehre und Steuerüberwälzung, Brünn-Prag-Leipzig-Wien 1935; Kitschler, W., Entwicklungslinien der neueren Steuerinzidenzlehre, Diss. Mainz 1965; Mann, F.K., Überwälzung der Steuern, in: HdSt, 4. Aufl., Bd. 8, Jena 1928, S. 336 ff.; Musgrave, R.A., On Incidence, in: The Journal of Political Economy, Bd. 32 (1953), S. 306 ff.; Recktenwald, H.C., Steuerüberwälzungslehre, Theoretische und empirische Verteilung von Abgaben und Kosten, in: Volkswirtschaftliche Schriften, Heft 35, 2. Aufl., Berlin 1966; ders., Zur Lehre von der Steuerüberwälzung und von den Steuerwirkungen, Einige allgemeine und terminologische Bemerkungen, in: Finanzarchiv, NF Bd. 13, Tübingen 1951/52, S. 291 ff.; Schmölders, G., Allgemeine Steuerlehre, 4. Aufl., Berlin 1965, S. 115 ff.; ders., Finanzpsychologie, in: Finanzarchiv, NF Bd. 13, Tübingen 1951/52, Abschnitt V, Die Steuerüberwälzung als psychologisches Problem, S. 26 ff.

(275) Vgl. z.B. Plehn, C.C., Study on the Incidence of an Increment Value Land Tax, in: Quarterly Journal of Economics, Bd. 32, May 1918, S. 487 ff.

(276) Vgl. Von der Bedeutung der Bodenwertbesteuerung, insbesondere von ihrer Abwälzbarkeit auf Pächter und Mieter, in: Jahrbuch der Bodenreform, hrsg. v. A. Damaschke, Bd. 3, Jena 1907, S. 68 ff., 146 ff., 229 ff., 300 ff.

(277) Vgl. z.B. Köppe, H., Ist die Wertzuwachssteuer überwälzbar?, in: Finanz-Archiv, 23. Jg., Bd. 1, Stuttgart-Berlin 1906, S. 1 ff.; Weyermann, M., Die Überwälzungsfrage bei der Wertzuwachssteuer, in: Annalen des Deutschen Reiches, 1910, 2. Deutschland, Amtliche Mitteilungen über die Zuwachssteuer, hrsg. im Reichsschatzamt, 1911 ff.

(278) "... Einem derartigen Streben würden die Rücksichtnahme auf die jeweilige politische Kräfteverteilung, die Neigung, am Traditionellen festzuhalten, und die Schwierigkeiten, einen rein sachlich für richtig und sogar notwendig empfundenen Umbau des Steuersystems auch durchzusetzen, im Wege stehen." Gemper, B.B., Die Vermögensteuer im Rahmen der modernen allgemeinen Einkommensteuer, Eine steuerwirtschaftliche Betrachtung als Beitrag zur Gesamtsteuerreform, in: Volkswirtschaftliche Schriften, Heft 159, Berlin 1971, S. 244.

(279) Peters, K.-H., Wertzuwachssteuer, a.a.O., S. 22.

(280) Vgl. Organische Steuerreform, Bericht des Wissenschaftlichen Beirats beim Bundesministerium der Finanzen an den Herrn Bundesminister der Finanzen (14.2.1953), Bonn 1953, S. 73.

(281) "... insbesondere die deutsche parlamentarische Demokratie mit ihrer fehlenden Tradition, ihrem Mangel an großen Gesichtspunkten und ihrer Neigung zu gruppenegoistischer Interessenwahrnehmung, die man auf jeden Fall beim politischen Gegner vermutet, betrachtet Steuerprobleme vorwiegend als bloße Verteilungs- oder Geldbeutelfragen, die vom Standpunkt der eigenen Gruppe lediglich unter dem Aspekt des politischen Kampfes behandelt und entschieden zu werden pflegen." Schmölders, G., Leitsätze zur organischen Steuerreform, verfaßt im Auftrage der Volkswirtschaftlichen Gesellschaft e.V., Hamburg-Altona 1949, S. 28 f.

(282) Einen kurzen Überblick über die Besteuerung der Bodenwertzuwächse in den Mitgliedstaaten der Europäischen Gemeinschaft gibt die Antwort v. 19.11.1969 auf die schriftliche Anfrage Nr. 241/69 von Herrn Spénale an die Kommission der Europäischen Gemeinschaften: Wertzuwachssteuer auf Grundstücke in den Mitgliedstaaten der EWG; weitgehend abgedruckt in: Berichte und Informationen, Hrsg. Europäische Gemeinschaften, Verbindungsbüro Bonn, Nr. 51/1969, S. 10 ff.; siehe auch: Kein Präzedenzfall für "Wertzuwachssteuer", capital gains in der EWG steuerfrei, in: HB, Nr. 206 v. 27.10.1970. Vgl. ferner Lemcke, J., Die steuerliche Erfassung von Wertsteigerungen bei Grundstücken. Übersicht über die Lage in den wichtigsten Industriestaaten, in: Europäische Steuer-Zeitung, Heidelberg 1966, S. 467 ff.

(283) Zu allgemeinen Problemen der Steuerharmonisierung vgl. u.a. Andel, N., Die

Harmonisierung der Steuern im Gemeinsamen Markt, in: Finanzarchiv, NF Bd. 30, Tübingen 1971, S. 224 ff.; Beichelt, B., B. Biervert, J. Daviter, G. Schmölders und B. Strümpel, Steuernorm und Steuerwirklichkeit, Bd. 2: Steuermentalität und Steuermoral in Großbritannien, Frankreich, Italien und Spanien, in: Forschungsberichte des Landes Nordrhein-Westfalen, Nr. 2041, Köln und Opladen 1969; Daviter, J., J. Könke und O. Schwerin, Steuernorm und Steuerwirklichkeit, Bd. 1: Steuertechnik und Steuerpraxis in Frankreich, Großbritannien, Italien und Deutschland, in: Forschungsberichte des Landes Nordrhein-Westfalen, Nr. 2040, Köln und Opladen 1969; Keller, T., Steuerharmonisierung in der EWG nach den Vorschlägen des Steuer- und Finanzausschusses, in: Außenwirtschaft, 19 (1964), S. 95 ff.; Krauss, M., Tax Harmonization and Allocative Efficiency in Economic Unions, in: Public Finance, Bd. 23, La Haye 1968, S. 367 ff.; Neumark, F., Möglichkeiten und Grenzen einer Steuerangleichung im Gemeinsamen Markt, in: Steuer-Kongreß-Report 1963, München und Berlin 1963, S. 29 ff.; Regul, R., und W. Renner, Finanzen und Steuern in der europäischen Integration, Amsterdam 1966; Schmölders, G., Allgemeine Steuerlehre, a.a.O., S. 256 ff.; ders., Finanzpolitik, 3. Aufl., Berlin-Heidelberg-New York 1970, S. 492 ff.

Forschungsberichte des Landes Nordrhein-Westfalen

Herausgegeben im Auftrage des Ministerpräsidenten Heinz Kühn
vom Minister für Wissenschaft und Forschung Johannes Rau

Sachgruppenverzeichnis

Acetylen · Schweißtechnik
Acetylene · Welding gracitice
Acétylène · Technique du soudage
Acetileno · Técnica de la soldadura
Ацетилен и техника сварки

Arbeitswissenschaft
Labor science
Science du travail
Trabajo científico
Вопросы трудового процесса

Bau · Steine · Erden
Constructure · Construction material · Soilresearch
Construction · Matériaux de construction · Recherche souterraine
La construcción · Materiales de construcción · Reconocimiento del suelo
Строительство и строительные материалы

Bergbau
Mining
Exploitation des mines
Minería
Горное дело

Biologie
Biology
Biologie
Biologia
Биология

Chemie
Chemistry
Chimie
Quimica
Химия

Druck · Farbe · Papier · Photographie
Printing · Color · Paper · Photography
Imprimerie · Couleur · Papier · Photographie
Artes gráficas · Color · Papel · Fotografía
Типография · Краски · Бумага · Фотография

Eisenverarbeitende Industrie
Metal working industry
Industrie du fer
Industria del hierro
Металлообработывающая промышленность

Elektrotechnik · Optik
Electrotechnology · Optics
Electrotechnique · Optique
Electrotécnica · Optica
Электротехника и оптика

Energiewirtschaft
Power economy
Energie
Energía
Энергетическое хозяйство

Fahrzeugbau · Gasmotoren
Vehicle construction · Engines
Construction de véhicules · Moteurs
Construcción de vehículos · Motores
Производство транспортных средств

Fertigung
Fabrication
Fabrication
Fabricación
Производство

Funktechnik · Astronomie
Radio engineering · Astronomy
Radiotechnique · Astronomie
Radiotécnica · Astronomía
Радиотехника и астрономия

GPSR Compliance

The European Union's (EU) General Product Safety Regulation (GPSR) is a set of rules that requires consumer products to be safe and our obligations to ensure this.

If you have any concerns about our products, you can contact us on ProductSafety@springernature.com

In case Publisher is established outside the EU, the EU authorized representative is:

Springer Nature Customer Service Center GmbH
Europaplatz 3
69115 Heidelberg, Germany

Batch number: 10809636

Printed by Printforce, the Netherlands